당신의 비즈니스를 응원합니다!

____________________ 드림

비즈니스 메이커

비즈니스 메이커

비즈니스

메 이 커

Business Maker

· 한준혁 지음 ·

지식인하우스

라이벌보다 무조건 먼저 읽어라!

현장은 대단히 도발적인 곳이다. 냉정한 만큼 뜨겁고, 바라는 만큼 진화할 수 있는 곳이 바로 마케팅 현장이다. 마케팅 현장에서 무수하게 많은 세일즈맨들을 만나고, 취재했다.

현장에서 만나는 세일즈맨들은 둘로 나뉜다. 전설이 되는 자와 잊혀지는 자. 전자는 1%에 속하는 세일즈맨이고, 후자는 나머지 99%의 세일즈맨이다. 이들의 차이는 의외로 명료하다. 변화에 민첩하게 반응을 하느냐, 현실에만 안주하느냐의 차이다. 당신은 어느 그룹에 속하는가?

필립 코틀러의 마켓 3.0 시장이 세상에 소개되고 수년이 흘렀다. 그러나 아직도 마켓 3.0에 대한 이해가 부족한 세일즈맨들을 만나게 된다. 가슴이 철렁하는 순간이다.

이 책은 분명 이론으로 무장한 책은 아니다. 그러나 앞에서 말한 1% 세일즈맨들의 가장 기본이 되는, 가장 노련한 노하우들을 모았다. 가슴을 진정시키며 세일즈맨들에게 일일이 알려주지 못했던 피 끓는 1% 세일즈맨들의 이야기들을 담았다.

If you can DREAM it, you can DO it. Walt Disney

'꿈꿀 수 있다면 실현도 가능하다' 미키마우스를 세상으로 이끌어낸 장본인, 월트 디즈니의 말이다. 월트 디즈니의 시작 역시, 녹록치 않았다. 가난했던 어린 시절, 파산 직전까지 갔던 20대. 그러나 그는 좌절하지 않았고, 전설이 되었다. 그의 죽음은 애플의 스티브 잡스의 죽음만큼이나 충격적 사건이었으며, 그의 죽음 후 몇 년 동안 월트 디즈니는 고전을 면치 못했다. 그리고 오늘, 당신도 제 2의 월트 디즈니, 스티브 잡스가 될 수 있다.

그럼에도 안타까운 사실은 대부분의 세일즈맨은 99%의 세일즈맨으로 남는다. 그러나 1%의 세일즈맨들은 불황 역시 즐긴다. 다른 이들의 좌절의 틈을 공략하는 것이다. 꿈을 실현하고 싶다면, 1초도 좌절하지 마라. 좌절할 시간이 있다면, 당신만이 할 수 있는 세일즈를 하라!

이 책을 읽기 전에 당부한다. 처음부터 다시 배워라! 무엇보다 당부한다. 당신의 동료, 나아가 라이벌보다 무조건 먼저 읽어라.

BUSINESS MAKER

자신을 흔들어 깨우고, 자신과 경쟁하라!

I am not discouraged, because every wrong
attempt discarded is another step forward.

나는 꺾이지 않는다. 왜냐하면 어떠한 실패도 전진을
위한 또 다른 한 걸음이기 때문이다. **에디슨**

 불경기란 없다!

> " Man is not made for defeat. "
>
> 인간은 패배하도록 만들어지지 않았다.
>
> **헤밍웨이**

헤밍웨이는 인간은 패배하지 않는다고 말했다. 인간은 정말 패배하지 않는가?

입을 모아 불경기를 탓한다. 여기저기서 한탄의 소리가 들끓는다. 소비자들의 지갑은 꽁꽁 얼어 붙어버린 걸까?

여기 '억' 소리 나는 대박 스타들이 있다.

이혜정 230억 매출, 박나림 100억 완판녀를 비롯해 하유미, 김

성은, 현영, 정형돈, 이유리 등 '억' 소리 나는 홈쇼핑 스타들이 탄생했다. 물론 '방송'이라는 거대한 배경을 무시할 수 없다. 그러나 불경기만으로 모든 경제 활동이 정지됐다면, 홈쇼핑의 단골인 아줌마들의 지갑이 가장 먼저 닫혀야 한다.

그렇다면 연예인들이 소개하는 상품이기 때문에? 이 역시 정답은 아니다. 연예인 브랜드가 모두 성공하는 것은 아니며, 짧은 성공은 이룰 수 있겠으나, '억' 소리 나는 대박을 이끌어 내는 것은 쉽지 않다. 즉 단순히 스타성과 방송의 인지도만으로 접근한다면 한계를 드러낼 수밖에 없다는 말이 된다.

이 말은 어떠한 상황이 주어져도 돈을 벌고 있는 사람들은 얼마든지 있다는 말이다. 대부분의 사람들이 불경기를 핑계 삼아 자신감을 잃고 있을 때 착실히 이익을 올리고 있는 사람들 역시 적지 않다는 것. 이렇듯 트렌드를 형성하며 대박을 내고 있는 상품들이 많은데… 우리는 왜? 어째서? 어렵다고 한탄만 하고 있는가?

결국 '불경기'란 허울 좋은 핑계일 뿐, 모두에게 적용되는 절대 공식은 아니다.

시대의 승자로 남고 싶다면 가지고 싶어 미칠 정도로 탐이 나는 상품을 만들어라. 그런 상품을 만들어 내고, 그런 상품으로 보이도록 전략을 짜야 한다.

어떤 상황에서도 베스트셀러는 존재한다. 베스트셀러를 만들려면, 스스로 미치도록 탐나는 상품을 만들기 위해 끊임없이 연구하라. 기회는 위기 속에서 꿈틀거린다.

2 매일 새로운 아이디어와 소통하라

> 내일의 좋은 일을 하기 위한 최상의 준비는
> 오늘 좋은 일을 하는 것이다.
> **허버드**

내일을 위한 오늘, 꼭 해야 하는 일은 아이디어를 짜고, 아이디어와 소통하는 것이다. 스티브 잡스의 아이디어는 스마트폰을 탄생시켰고, 현대인들이 편리하게 사용하는 다양한 현대의 기술 역시 과거 누군가의 열정에서 출발했다.

여기서 한 가지 짚어 보자. 동네 상권들이 아우성이다. 골목 구석

구석을 할퀴는 공룡 발톱에 집 앞 상권이 비명을 지르고 있다. 집 앞 상점들은 정막이 감돌고, 문을 닫는 곳이 적지 않다.

동네 상권의 침묵에서 우리가 배울 점은, 어떤 상황 속에서 아이디어 무장해야 한다는 것이다. 참신한 아이디어로 승부수를 띄우는 동네 상점들은 틈새 마케팅을 통해 '시대 유감'인 이 시대를 슬기롭게 대처하고 있다. 또한 톡톡 튀는 아이디어와 틈새 마케팅 노력은 백화점들이 그들을 직접 찾아 나서게 만든다.

실제로 현대백화점은 2009년부터 내부 통신망에 '식도락 네트워크'를 운영, 모든 직원이 맛집 후기를 올리는 일종의 게시판을 운영한다. 이 게시판을 통해 백화점은 맛집 물색의 기초 자료로 활용하기도 한다. 즉, 대기업들이 동네 맛집에 사정을 하며 공을 들이고 있다.

비즈니스맨에게 호황과 불황의 구분은 없다. 시대가 어느 쪽으로 기운다 해도 돈을 벌지 않으면 안 된다. 어느 상황이 닥쳐도 소비자의 지갑을 열 수 있는 아이디어만으로 승부를 해야 한다.

스스로를 살릴 수 있는 아이디어를 찾아라!
내가 준비하는 오늘의 아이디어만이 내일의 성공을 이끌어 낼 수 있다.
아이디어 노트를 만들어라! 그리고 매일 10개의 아이디어로 노트를 채워 나가라!

3 자신감 넘치는 제안을 하라

대개 자신감은 능력과 보조를 맞춘다.
존슨

자신감이 없는 세일즈맨들을 자주 만나게 된다. S.존슨의 말처럼 그렇다. 자신감도 능력이다. 자신의 상품에 대한 자신감 부족의 결과는 참담하다. 당연한 일이다. 처음부터 상품에 대한 자신감 결여는 고객을 설득할 능력을 내어주지 않는다. 이렇게 자신감이 결여된 자세는, 스스로 자신의 상품에 대한 연구 부족이다. 또한 사람이 어떤 일을 해내느냐, 못 하느냐를 결정짓는 것은 바로 자신감이다.

세계적인 패션 브랜드 베네통의 창업자인 루치아노 베네통은 입버릇처럼 말했다.

"남의 뒤를 따르는 자는 성공할 수 없다."

루치아노 베네통은 신선한 아이디어를 적극적으로 연구하는 사람이다. 그 결과 베네통은 현재 전 세계 120여 개국 총 6,500개 이상의 점포를 가진 대형 패션그룹이 되었다. 베네통 성공의 비결은 원색의 칼라와 독특한 마케팅이 많은 사람들에게 강렬한 인상을 심어 주었기 때문이다. 특히 젊은이들의 큰 지지를 받았는데, 끊임없이 젊은이들과 소통하려 했던 루치아노 베네통의 노력의 결실이었다.

구매력이 강한 젊은이들을 주 소비자 타깃으로 정하고, 그들과 같이 생각하고, 느끼며, 원하는 것을 찾아주려 노력했다. 특히 매장에서는 젊은이들을 위한 배려를 아끼지 않는다. 밝은 조명과 경쾌한 음악을 틀고, 고객이 들어온 후 판매원은 곧바로 다가가지 못하게 교육한다. 고객들이 편안하게 물건을 고를 수 있도록 5분 정도는 손님을 그대로 둔다. 루치아노 베네통의 자신감은 끊임없이 소비자들과 소통하는 것에서 나온다. 소비자와 끊임없이 소통하다 보면 자신감은 저절로 생기게 된다.

언제나 자신감으로 무장하라. 자신감을 갖지 못한다면 이미 패배한 것이다. 자신감은 자신만이 고객에게 할 수 있는 제안을 찾는 것에서 시작하자. 쉽게 말해 자신만의 장점을 찾아 다가서라. 열정은 한 자리에 조용히, 그리고 오래 머무는 것을 결코 허용하지 않는다. 정체는 곧 멈춤이고, 이는 후퇴이고 퇴보를 의미한다.

자신의 브랜드와 항상 소통하고, 자신만이 할 수 있는 제안을 만들어라! 그것은 자신감의 원천이다.

루치아노 베네통의 좌우명을 되새기자!
"내일 할 수 있는 일을 오늘 하라."
그리고 자신감 넘치게 오늘 제안하라!

공격적으로 제안하라

> It's never too late to be
> who you might have been.
>
> 당신이 되어 있었을지도 모르는 사람이 되기에
> 늦은 법은 절대로 없다.
> **조지 엘리엇**

'인생'이라는 전시장에서 승자가 될 것인가, 패자가 될 것인지는 오로지 자신의 선택의 몫이다. 무엇이든 이루고 싶다면 두려움이 앞선다 해도, 일단 첫걸음을 떼야 한다. 당신이 출발하는 순간의 늦고, 빠름은 없다.

계획보다 중요한 것이 시작이다. 모든 것을 완벽하게 준비해서 고객을 만나는 것 역시 마찬가지다. 고객을 먼저 만나는 것이 중요하다.

당신이 자동차 세일즈맨이라면, 이럴 때가 있을 것이다. 큰 기업의 주차장을 보면 한숨부터 나온다. 이 기업에는 이미 자동차 계열이 있기 때문이다. 그렇지만 타사 자동차 계열사를 가진 기업이라 할지라도 방문하지 못할 이유가 없다. 자동차 계열사를 가진 기업을 다닌다고 해서, 그 기업에 다니는 모든 사람들이 자기 회사 자동차를 좋아하라는 법은 없다.

부딪혀보기도 전에 겁을 먹고, 도망치는 것은 시작도 하기 전에 포기하는 것이다. 무조건 부딪혀보는 것에서 시작한다.

그러나 자동차 카탈로그만 반복적으로 뿌리는 것은 별 의미가 없다. 눈과 마음을 가린 두려움을 버리고 한 명, 한 명을 찾아가 만나보는 것이 중요하다. 그리고 그들이 하는 이야기에 귀를 기울여라. 거절을 당해도 좋다. 성공하는 사람은 실패를 많이 해 본 사람이다.

그리고 그들이 거절했던 이유를 면밀히 관찰하고, 대비하라. 거절의 이유들을 능숙하게 대처하며 고객들을 찾는다면 어제보다 더 좋은 시작이 된다.

 불가능을 논하지 마라!

팔삭둥이로 태어나 말을 더듬고 정서가 불안해 초등학교를 세 번이나 옮겼고, 중학교 때는 영어로 낙제하여 3년이나 유급을 당했던 윈스턴 처칠.

훗날 윈스턴 처칠은 영국의 수상이 되었고, 훌륭한 연설가로, 화가로 명성을 떨쳤으며, 노벨문학상을 수상했다.

영국의 명문 옥스퍼드 졸업식 축사를 하게 된 윈스턴 처칠은 이렇게 외쳤다.

"포기하지 말라! 포기하지 말라!" 그리고 다시 한 번 강조했다. "절대로, 절대로 포기하지 말라"

축사는 이것이 전부였고, 청중은 이 짤막한 연설에 찬사를 쏟아냈다.

불우한 환경에서 영국의 수상까지 된 윈스턴 처칠의 좌우명이기도 했던, 포기하지 말라! 이 단순한 한 구절 속에 많은 것이 담겨 있다. 자신의 인생을 어떻게 채울지는 바로 본인의 몫이다.

고객의 입장을 우선시해야 하는 세일즈맨 입장에서 보면 '마케팅은 대단히 불공평한 것'이다. 그러나 이 말을 명심하자. 만족한 고객은 최고의 세일즈맨이다. 미국의 전설적인 자동차 판매왕 조 지라드(Joe Girard)는 말했다. "한 사람의 인간관계 범위는 대략 250명 수준이다. 나는 한 사람의 고객을 250명 보기와 같이 한다. 한 사람의 고객을 감동시키면 250명의 고객을 추가로 불러올 수 있다. 반면에 한 사람의 신뢰를 잃으면 250명의 고객을 잃는 것이다"라고. 이것은 조 지라드의 '250명의 법칙'이다. 감동한 고객 한 사람이 250명의 새로운 고객을 데려온다는 말이다. 반대로 고객 한 사람을 잘못 대하면 250명의 고객을 잃어버린다는 말이 된다.

물론 고객이 무리한 것을 요구하는 경우도 많다. 그러나 고객을 만날 때는 항상 명심하라. "고객은 항상 옳다."

고객의 요구에 대해서는 가능한 "노"라고 말하지 않도록 해야 한다. 그래도 불가능한 경우에는 불가능한 이유를 자세히 설명하고, 가능하도록 만들기 위한 조건을 제시해야 한다. 결국 고객의 뜻을 이루지 못하게 되었다면, 반드시 사과해야 한다.

명심해라! 절대로 포기해야 하는 고객은 없다.

■ 고객 앞에서 불가능을 입에 담지 말라!
■ 고객에게 무한한 가능성만을 제시해야 한다.

고객과의 안전거리를 늘 유지하라!

다른 사람들에게 변하기를 바라는 것과
마찬가지로 자신을 변화시켜라.
간디

고객에게 "NO"를 말하지 말라고 해서, 무조건 "YES"를 외치는 예스맨이 되라는 뜻은 아니다. 필요할 때는 우직하게 자신의 길을 고집할 수도 있어야 한다. 간디의 말처럼 다른 사람이 변하기를 바라는 것에 앞서, 자신이 먼저 변화해야 할 때가 있다.

가끔은 위험을 감수하고 멀리 가보는 자만이 자신이 얼마나 갈 수 있는지를 가늠할 수 있다. 그리고 그렇게 행동하기 위해서는 기준이 필요하다. 무턱대고 가격 협상을 앞세우는 고객, 안하무인 고객 등 대처하는 나름의 기준을 만드는 것이다. 명심해야 할 것은 아무리 안하무인의 고객이라 할지라도 고객은 고객이다.

이 같은 이론은 고객과의 관계에만 해당되는 얘기가 아니다. 함께 일을 해나가는 업체와의 관계에서도 적용된다.

비즈니스를 할 때는 고객과의 관계만큼이나 구매처, 거래처와의 긴밀한 관계도 중요하다. 정당한 요구는 언제나 논리적이고 당당해야 한다. 무엇보다 지나치게 친밀해지면 오해를 불러일으키거나 당당하게 요구할 수 없게 되므로 적당한 거리도 유지하는 것이 현명하다.

미국 노스웨스턴대학교 인류학과 교수를 지냈던 에드워드 홀 교수는 인간관계에도 다양한 거리가 존재한다고 주장한다. 연인과의 거리는 15cm~46cm, 가족이나 친구와의 거리 46cm~1.2m, 사회생활에서 만나는 사람과의 거리는 1.2m~3.6m이다. 당신은 고객과 어느 정도의 거리를 유지하고 있는가?

자신만의 비즈니스 기준과 상황별로 유연하게 대처할 수 있는 대응 기준을 만들고, 방법을 몸에 익혀야 한다. 인간관계에서도 안전거리가 필요하다.

7 들는 자세를 바로 잡아라!

"

남의 충고를 들으려 하지 않는 자는
도움을 받을 수 없다.
벤자민 프랭클린

"

"물건을 열어보니 이곳이 찌그러져 있더군요."

그런 고객의 말에 억울한 듯, 이렇게 대응한다.

"그럴 리가 없는데요. 우리 회사 상품 중에는 그런 상품이 있을 리가 없습니다."

그러나 이렇게 대응을 하는 것은 곧 고객에게 이렇게 말하는 것과 같다.

"당신은 거짓말쟁입니다."

고객 역시 처음에는 회사를 비난하려고 한 말이 아니었음에도 불구하고, 상대의 대응이 그렇게 되면 상당히 불쾌해지고, 공격적인 모드로 전환하게 된다.

사실 고객에게 '그럴 리가 없다'라고 주장하지만 고객의 말이 맞을 가능성도 상당히 높은 것이다. 그럼에도 위험을 무릅쓰고 고객을 거짓말쟁이로, 적으로 만들 것인가?

이런 대응을 받은 고객은 이렇게 마음을 먹게 된다.

'이 세일즈맨한테 다시는 물건을 살 수 없겠구면.'

착각하지 마라! 고개만 돌리면 당신과 비슷한 상품을 파는 세일즈맨은 얼마든지 있다. 당신에게 그 상품을 꼭 사지 않으면 안 되는 이유는 없다.

이제부터 이렇게 생각하라. 고객의 소리는 곧 '신의 목소리'다. 이런 생각을 기본으로 깔고 있으면 받아들이는 자세가 달라질 수 있다. 잘못된 자세는 신뢰는 물론, 많은 고객들을 잃을 수 있다는 점을 명심하라.

그렇다. 남의 충고, 즉 고객의 목소리를 들으려 하지 않는 자는 고객의 도움을 받을 수도 없게 된다.

클레임, 마지막 기회를 즐겨라!

어떤 기업이 성공하고 있다면,
그것은 과거의 누군가 용기 있는 결정으로부터
만들어진 것이다.
피터 드러커

사람을 상대하는 일을 하게 되면 피해갈 수 없는 것이 바로 클레임이다. 앞의 경우처럼 불량품의 발생이나 지연, 종업원의 말투에 이르기까지 클레임의 종류는 상상초월의 숫자를 자랑한다. 그러나 분명한 것은 클레임에는 반드시 원인이 있기 때문에 그것을 철저하게 분석하면 줄여나갈 수 있는 방법도 있기 마련이다. 무엇보다 한 번 이상의 클레임이 반복되지 않도록 하는 것이 중요하다.

피터 드러커의 말처럼 비즈니스의 성공을 위해서는 용기 있는 결정이 필요한 법이다.

한 번 마음이 돌아선 고객의 마음을 잡는 것은 거의 불가능하다. 99번을 잘 해도, 단 한 번의 실수에 마음이 돌아서는 것이 고객이다.

무엇보다 클레임을 제기하는 고객이야말로 당신과 당신의 브랜드에 애정을 가지고 있다는 사실을 명심하자. 그들은 알아차리지 못하고 지나쳤을지 모르는 당신의 실수를, 귀찮아서 말하지 않은 실수를 고칠 수 있는 기회를 당신에게 제공한 것이다. 따라서 클레임을 잘 극복한다면 당신은 그만큼의 성장을 할 수 있다.

고객이 당신에게 클레임을 제기했다면, 그것은 고객이 당신에게 기대하고 있다는 좋은 증거이다. 계속해서 거래를 할 가능성은 물론, 거래 확대의 기회가 기다리고 있을지도 모른다. 그러나 그것은 어디까지나 클레임에 대한 대응방법으로 결정된다.

또한 클레임을 제기하지 않았다고 해서 모든 고객이 만족하고 있다고 생각하면 큰 오산이다. 가망성이 없다고 이미 포기했을지도 모르는 일이다.

■ 클레임을 축복으로 생각하자.
■ 당신에게 남은 단 한 번의 마지막 기회이다.

클레임으로 기획안을 꾸며라!

Imagination is more important than
knowledge, for knowledge is limited while
imagination embraces the entire world.

" 상상력은 지식보다 중요하다.
상상력은 전 세계를 아우르지만
지식은 제한되어 있기 때문이다. "
아인슈타인

앞에서도 언급했듯이 클레임을 대처하는 자세는 무엇보다 중요
하다. 특히 고객을 대하는 당신의 태도가 회사를 대표하는 얼굴이
되기 때문에 그 중요함은 더 배가된다.

마이너스 정보일수록 뛰어난 가치가 있다는 말을 명심하라. 또
한 한 가지 클레임이 발생할 경우 이 같은 상황을 함께 상사와 동료

직원과 공유해야 한다. 이유는, 클레임 자체가 하나의 정보이기 때문이다.

요즘은 대부분 고객 상담실이나 클레임 대책팀을 운영한다. 그들의 목적은 단순히 고객의 소리를 담아내는 데에 그치는 것이 아니라 상품개발이 목적이다. 고객 상담실을 통한 클레임을 분석하면 상품의 장단점을 어렵지 않게 파악할 수 있게 된다.

무엇보다 고객들은 클레임을 제기하면서, 여러 가지 아이디어를 제공하기 한다. '이 제품은 이런 불편함이 있는데, 이렇게 하면 더 편하지 않겠느냐' 식의 제안을 말이다.

따라서 클레임 하나하나를 분석하면 뛰어난 상품을 만들 수 있다. 즉 고객의 클레임을 상품 아이디어로 연결시켜야 한다.

실제로 클레임을 발전시켜 히트상품을 만들어낸 경우는 자주 일어난다.

클레임을 무조건 공유하고, 상품개발의 기초 자료로 활용하라!

10 애프터서비스에 목숨을 걸어라

당신이 할 수 없는 일을 맡으려고 하지 말고
약속한 것을 지키려고 노력하라.
조지 워싱턴

고객과 마찰이 가장 많이 생기는 순간은 바로 애프터서비스이다. 고객의 입장에서는 가격을 지불했음에도 불구하고 상태가 나쁜 상품을 계속해서 사용하고 싶지 않은 것이다.

"상태가 나쁘면 언제라도 교환해주겠다고 했는데…"라고 말하는 고객과 "그런 말은 하지 않았다"고 대응하는 세일즈맨.

평행선을 달리는 이 논쟁의 승자는 대부분 고객이다. 만약 불필요한 논쟁을 벌이는 세일즈맨을 만났다고 생각하면, 고객은 두 번 다시 당신을 찾지 않는다.

더불어 회사에 대한 앙심을 품게 되어 안 좋은 소문의 진원지가 되고 말 것이다. 이렇게 되면 오히려 역효과다.

실제로 많은 세일즈맨들이 판매 전에는 상품에 대한 칭찬과 가격 인하를 약속하고 선물 등의 과잉 서비스를 제공한 후 판매가 마무리되면 '나 몰라라' 하는 경우가 적지 않다.

고객을 영원한 고객으로 만들기 위한 방법은 의외로 단순하다. 판매하기 전보다 판매한 다음에 더욱 성실하게 서비스를 해야 한다.

그렇게 쌓이는 신뢰는 고객에게 언제나 '여기라면 안심할 수 있다'라는 충성심을 갖게 한다.

비즈니스는 발명하는 것이다.
보이지 않는 애프터서비스 전략을 발명해 보자.

Success Code
02
고객과 신뢰부터
다시 쌓기
처음부터 다시 배워라!

Keep a smile on your face till 10 o'clock
and it will stay there all day.

10시까지 미소를 머금고 있어라, 그러면 그 미소가
하루 종일 그렇게 머물러 있을 것이다.

더글라스 페어뱅크스

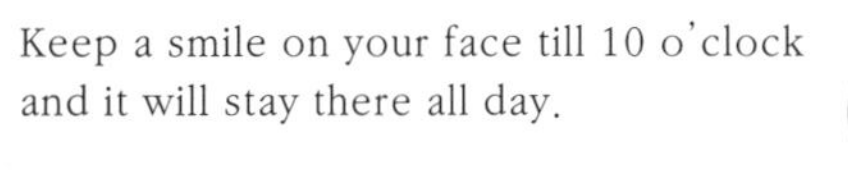

11
인사부터 다시 배워라!

잘못된 생각은 곧 잘못된 행동을 낳는다.
헉슬리

우리는 가끔 당연하다고 생각하는 일이 있다. 그러나 당연하다고 생각하는 일은 간혹 실수로 이어지게 되기도 한다. 우리가 상점에 들어서면, 활기찬 목소리가 날아온다.

"어서 오십시오!" 물론 고객 입장에서는 당연하다고 생각할 것이고, 대접을 받는다고 생각할 것이다. 그러나 간혹 고객을 놀라게 해 쫓아버리는 것도 인사라는 것을 잊지 말자! 잘못된 생각은 곧 잘못된 행동이 된다.

고객을 친절하게 맞이했을 뿐인데, 도대체 무엇이 잘못된 것이란 말인가? 의도는 좋았으나, 좋은 의도의 행동이 현장에서 모두 성공하는 것은 아니다. 즉 인사는 고객에게 부담으로 작용하기도 한다. 예를 들어 아이 쇼핑을 원했던 고객일 수도 있고, 몇 가지 상품을 두고 고민을 하고 있는 고객일 수도 있다. 그런데 큰 소리로 고객을 아는 척 해 버리면, 그들의 부담은 포기로 이어진다. 상품을 면밀히 살펴보고 싶어도 눈치를 보게 될 수도 있다. 고객은 절대 눈치를 보며 상품을 구매하지 않는다.

간단히 정리를 해보면, 고객에게 부담이 되지 않는 정도에서 친절을 내보여라! 고객과도 어느 정도의 거리가 필요할 때가 있다는 말이다.

자신이 지금 어느 현장에서 어느 고객들을 상대하는지를 면밀히 파악하는 것이 중요하다. 그리고 고객의 그림자가 되어 거리감을 주고 도와야 한다.

활기찬 인사는 패스트푸드점에 어울리는 방식으로, 구입하기로 결정하고 선택만 남았을 때 허용되는 세일즈 방법이다.

고객의 목적을 미리 파악하라. 고객을 귀찮게 한다면 그들은 뒤도 돌아보지 않고 돌아서게 될 것이다.

12

고객과 눈을 맞춰라!

활기찬 인사가 고객을 쫓기도 한다? 그렇다면 어떻게 인사를 하란 말인가? 좀 더 구체적인 방법을 제시하고자 한다.

대형 할인점을 생각해 보자. 그들의 인사를 떠올려 보자. 그들의 인사 방식은 이렇다.

"어서 오십시오"라는 인사는 형식일 뿐, 인사를 하는지 마는지 거의 들리지 않는다.

판매원은 무덤덤한 태도를 유지하면서 본인의 존재를 부각시키지 않으려 노력한다. 고객 스스로 물어보면 대답을 해주지만, 고객에게 먼저 말을 거는 법이 없다.

즉 대형 할인마트에서 고객 스스로 행동할 수 있는 판매방식을 채택하고 있는 것이다. 이 판매방식은 고객이 누군가에게 신경을 쓰지 않아도 되기 때문에 편안한 마음으로 쇼핑을 즐길 수 있다. 요즘은 이 방식에 익숙한 고객이 증가함에 따라 고객 스스로 결정할 수 있는 판매방식이 호응을 끌고 있다.

적극적인 태도는 분명히 중요하다. 그러나 상품에 대해 지나치게 열심히 설득하거나 상품 설명을 반복한다면 고객은 오히려 압력을 느낄 분, 판매 실적으로 이어지지 않는 경우가 많다.

쇼핑을 할 때 고객이 가장 스트레스를 느끼는 순간이 바로 세일즈맨에게 상품 설명을 들을 때다. 따라서 현명한 세일즈맨이라면 너무 적극적인 태도를 고객에게 들켜서는 안 된다. 너무 열심히 하지 않는 편이 나은 결과로 돌아올 때도 있는 법이다.

13 약속이 걸작을 만든다

" 믿음을 잃은 사람은 모든 것을 다 잃은 사람이다. "

하트

사무실 근처에 괜찮은 커피 전문점이 있었다. 주인이 워낙 상냥하고, 활발해 작은 규모의 커피 전문점임에도 커피를 한 잔 먹으려면 줄을 서서 기다려야 할 정도로 인기가 좋았다. 사무실에 손님이 찾아오거나, 따끈한 커피가 생각날 때마다 들르고 싶었지만, 가게를 오픈하는 시간이 제각각이고, 쉬는 날도 들쭉날쭉해서 선뜻 발길이 떨어지지 않았다.

그렇게 가게에 발길을 끊게 되었다. 어느 날, 점심식사 후 그 가게 앞을 지나게 되었다. 늘 손님이 북적거리던 가게였는데, 웬일인지 주인만이 덩그러니 앉아 있었다. 그 날 이후에도 호기심이 생겨 내내 찾아가 보게 되었다. 결과는 처참했다.

그 많던 손님들은 모두 어디로 가버린 걸까? 그것은 손님의 믿음을 저버린 결과이다.

믿음은 인간관계는 물론 많은 관계를 결정짓는 중요한 요소이다. 믿음을 잃은 사람은 모든 것을 잃은 것이나 마찬가지다. 대문호 찰스 디킨스 역시 자신이 이룬 업적의 기본이 시간을 엄수하는 습관과 질서, 근면한 태도, 집중력에 있다고 말했다.

고객과 상점, 고객과 세일즈맨 사이에는 보이지 않는 약속이 늘 존재한다. 손님은 시간을 미리 약속하지는 않지만, '지금쯤 가면 가게를 열었겠지'라는 생각으로 가는 것이다. 그러나 허탕을 치는 일이 몇 번 반복되면 손님은 다른 가게로 발길을 옮겨 버린다. 그리고 다른 가게에 정착해 버린다.

그렇다. 아무리 작고 보이지 않은 약속이라 할지라도 세일즈맨은 목숨을 걸어야 한다.

아무리 작은 약속이라도 고객과의 약속은 절대 어기지 마라! 그것이 아무리 보이지 않는다고 해도 말이다.

 함부로 약속 하지 마라

He who is the most slow in making
a promise is the most faithful
in the performance of it.

약속을 성급히 하지 않는 사람이야말로
그 약속을 가장 잘 지킬 수 있다.

루소

　　18세기 프랑스의 철학가 루소의 말이다. 한 번이라도 고객이 무엇을 원하는지를 고민해 본 세일즈맨은 알게 된다. 비즈니스의 현실과 어려움, 그리고 고객과의 약속의 중요성을 말이다. 그러나 고객과의 성급한 약속은 오히려 독이 된다. 자칫 잘못하면 거래 자체가 틀어질 수도 있다.

고객에게 자신의 상품을 판매하는 목적으로 많은 약속을 하는 세일즈맨이 있다. 허황된 약속은 고객에게 기대심리만 부추기는 꼴이 된다. '평생 애프터서비스를 보장하겠습니다' '고객님이 언제, 어느 시간에 부르시든 달려가겠습니다' 등의 지킬 수 없는 약속으로 고객을 매혹하지 마라.

고객의 입장에서 지켜지지 않은 약속보다 나쁜 것은 없다. 지키지 못할 약속은 하지 않는 것이 책임감 있는 자세이다. 한 번은 고객이 속을지도 모르나, 다음번에는 어림도 없다.

한 가지 더 명심할 점은, 대부분의 세일즈맨은 '고객의 말에 따르는 편이 위험이 적다. 이것이 필요하다고 했으니까 팔아도 원망하지 않을 것이다'라고 판단한다. 그러나 잘못하면 나중에 원망을 들을 뿐 아니라 회사의 평판까지 타격을 입는 결과를 불러올 수 있다.

따라서 세일즈맨의 선택, 세일즈맨을 위한 선택이 아닌 고객의 기준에서 '좋고 나쁨'으로 선택하도록 해야 한다.

먼저 고객의 입장에서 생각하되, 지킬 수 없는 약속은 아예 하지도 마라!

15 고객의 꿈을 실현시켜라!

A learned blockhead is a greater blockhead
than an ignorant one.

엉터리로 배운 사람은
아무것도 못 배운 사람보다 더 어리석은 자다.
벤자민 프랭클린

그렇다. 잘못된 배움은 지식이 없는 것보다 더 어리석다. 세일즈 현장에서 실제로 세일 효과는 클까? 고객들은 상품이 단순히 세일을 한다고 해서 구매를 결정하지 않는다. 즉 가격인하는 구입동기의 결정타가 되지 않는다. 고객은 그 상품을 사용함으로써 얻을 수 있는 편리함, 쾌적함을 먼저 고려하게 된다. 즉 당신이 고객에게 먼저 강조해야 하는 것은 가격인하가 아닌, 부가가치이다. 고객에게 부가가치란 꿈이다.

자신의 상품이 고객의 꿈을 얼마만큼 실현해 줄 수 있을지를 부각하는 것이 세일즈맨의 몫이다. 최신형의 레저 자동차의 구매를 망설이는 고객이 있다면, 그 자동차를 구매함으로써 가족과의 안전하고 행복한 여행이 더욱 쾌적한 조건에서 실현될 수 있다는 사실을 부각시켜 주는 것이 중요하다. 고객에게 긍정적인 이미지를 심어주어, 구매 의욕으로 이어지지 못한다면 판매는 실패한다고 해도 과언이 아니다.

이런 관점에서 부가가치를 창조하는 것은 가격이나 상품의 디자인보다 중요하다. 고객에게 구체적인 꿈을 안겨주는 것, 이것이 세일즈맨의 성패를 좌우한다.

세일만을 강조하는 것은 상품의 부가가치와 서비스에 자신이 없다는 것을 말하는 것에 불과하다. 고객에게는 마지막 순간에 가격을 말하라. 고객이 구매를 결정한 순간, 가격을 협상해도 늦지 않다. 이 비결을 모른다면 목이 터져라 세일이나, 옵션 서비스를 울부짖어도 소용이 없다.

 16 전략적으로 상술을 짜라!

"
지혜의 10분의 9는
적절한 시기에 지혜롭게 행동하는 것이다.
루즈벨트
"

비즈니스란 주지 않으면, 얻을 수 없는 법이다. 인색한 사람은 인색한 비즈니스 밖에 할 수 없고, 나아가 인색한 고객만 만나게 된다. 고객도 이것을 금방 알아차린다. 지혜롭게 행동하는 적절한 시기는 바로 고객에게 먼저 베푸는 순간이다.

우리는 흔히 '점포정리, 빅 세일' 상점들을 보게 된다. 그런데 '점포정리'라는 말이 무색할 정도로, 365일 장사를 계속한다. '이것은 덤핑상품이니까 이익이 없습니다'라며 고객을 독촉해, 얼마동안은 고객들이 속아 넘어가겠으나, 그것이 얄팍한 상술이라는 것은 고객들은 곧 알게 된다. 고객들이 '덤핑'이라는 상술을 알게 되면, 그 곳을 다시는 찾지 않게 된다.

원래 덤핑을 하는 이유는 상품이 팔리지 않았기 때문이다. 왜 팔리지 않았을까? 간단하다. 제품이 좋지 않기 때문이다. 그리고 앞의 사례의 가게들은 그것을 크게 광고하는 것이다. 즉, 질이 나쁜 제품은 아무리 싸게 판다고 선전을 해도 고객은 쉽게 속지 않는다.

그렇지만 '앞으로 한 달 동안은 손해를 각오하고 장사를 한다' 식의 각오와 전략을 병행한다면 결과는 달라진다. 즉, 실제로 덤핑을 한다 해도 덤핑처럼 보이지 않게 하는 전략이 필요하다. 고객은 단순히 상품이 싸다는 이유만으로 열광하지 않는다. 고객의 지갑을 열 수 있는 상품, 당신의 최상의 상품들을 전면에 배치하라. 당신의 상품의 가격을 고객에게 줄 수 있는 가치보다 높게 책정해서는 안된다. 눈앞에 이익을 쫓아, 턱없는 가격을 고객에게 제시한다면 당신은 거짓말쟁이로 낙인찍히게 될 것이다.

고객의 지갑을 열고 싶다면, 시장 조사부터 하라! 가격의 가치에 맞는 상품들만을 취급하라!

17 섣부른 비용절감은 하지 마라!

" 지갑으로 들어온다고 해서
모두가 소득은 아니다.
스턴 "

몇 년 전부터 녹색캠페인의 일환으로 백화점, 할인점들이 일회용 쇼핑백 안 사용하기 운동을 벌였다. 처음 이 캠페인을 접한 고객들은 '환경보호'라는 이름을 빌린, 백화점의 비용절감 정책으로 받아들이기도 했다.

거기에는 그럴만한 사정이 있었다. 한 백화점에서는 고객들이 상품을 사도, 100원의 가격으로 쇼핑백을 지급했다. 고객들은 난색을 표현하기도 했다. 그도 그럴 것이, 근처의 다른 백화점에서는 예전처럼 쇼핑백을 나누어 주었기 때문이다. 고객들의 입장에서는 첫째, 두 백화점의 일관되지 않는 태도에 백화점을 신뢰할 수 없어 불쾌했던 것이고, 다른 하나는 '이 정도의 상품을 샀는데, 쇼핑백을 100원에 또 사라고'라며 백화점의 서비스에 만족스럽지 않았던 것이다. 그러나 그 내막을 들여다보면, 이것은 명백히 서비스의 차이이다. 쇼핑백을 지급했던 백화점의 경우, 다른 서비스를 제공했다. 즉 사용한 쇼핑백을 모아서 가져온 고객에게는 전용 카드에 스탬프를 찍어 주고, 스탬프를 모으면 할인권을 발행하는 부가 서비스를 제공했다.

두 개의 백화점 모두, 녹색 캠페인이 참여하고자 하는 의지는 좋았으나, 그것을 고객에게 설득시키는 방법이 달랐다. 쇼핑백을 100원에 팔았던 백화점의 경우, 정석에 가깝게 행동을 했으나, 그것은 고객의 입장에서 충분히 오해할 수 있는 소지가 있었다. 또한 백화점의 이런 행동이 자칫 이익을 올리기 위한 비용 절감을 고객에게 떠넘기려는 의도로 보일 가능성도 높다.

설령, 그것이 비용절감 정책이었다고 하더라도 중요한 것은, 그것을 고객이 눈치 채지 못하게 해야 한다. 생각해 보라. 그렇게 서비스가 서투른 세일즈맨에게 누가 상품을 사겠는가?

비용절감을 고객에게 떠넘기지 마라. 만약 전략적으로 그렇게 한다 해도, 그것을 고객들에게 들켜서는 안 된다.

18

보이지 않는 비전을 발견하라!

Vision is the art of seeing the invisible.

비전이란
보이지 않는 것들을 보는 예술이다.
조너선 스위프트

'걸리버 여행기'의 작가 조너선 스위프트의 말이다. 세일즈맨으로 성공하고 싶다면, 수완을 키우기보다 안목을 키워야 한다. 아무리 수완이 좋은 세일즈맨이라도, 사람들이 누구나 가고 싶은 인기 경기 티켓을 판다고 해도, 비가 내리면 흥행을 시킬 수 없다. 비즈니스에서 환경적 요인은 중요한 요소이다. 그러나 앞의 경우에서 인기 경기가 돔구장에서 열리게 된다면, 말이 달라진다.

　　베스트셀러 상품은, 고객과 세일즈맨의 요구를 최대한으로 수용한 결과 탄생되는 법이다.

　　"고객이 없으면, 없을 때 찾아간 내가 나쁜 것이다."

　　어느 택배 회사 창업자의 말이다. 택배의 특성상, 낮에 배달을 가면 사람이 없는 경우가 많아 물건을 전해줄 수가 없었다. 그래서 과감하게 밤에 배달을 하는 서비스를 시작했고, 고객들의 높은 호응을 이끌어 히트를 쳤다. 이렇듯, 좋은 서비스란 고객의 입장에서 볼 때 좋은 서비스여야 한다.

　　어떻게 보면, 좋은 성능의 상품이 어느 것보다 중요하다는 말이 된다. 그러나 신상품 개발의 포인트는 번뜩임이 아니다. 상상하는 것이다.

　　'고객은 어느 면에서 곤란을 느끼는가?' '우리 회사는 고객에게 어떻게 도움을 줄 수 있는가?'

　　이런 방식으로 고객의 요구와 회사의 실태를 조사해서 양쪽을 일치시키는 지점에서부터 생각을 발전시켜 나가는 것이 중요하다. 자신의 직업을 세일즈맨으로 국한시키지 마라! 신상품 개발에 적극적인 세일즈맨이 돼라!

번뜩이는 아이디어가 아닌 현장의 소리를 담아내는 신상품 아이디어를 제출하라. 그것이 '판매왕'이 되는 것보다 더 중요한 일이다.

10 고객을 팬으로 만들어라!

늘 옳은 것을 행하라.
이것이 어떤 이에게는 기쁨을 주고,
어떤 이에게는 놀라움을 줄 것이다.
마크 트웨인

고객의 입장에서 옳은 것, 기쁨을 주는 행동은 무엇일까? 고객이 만족하는 순간을 미국 마케팅 조사 기관인 TARP사의 경영자인 존 굿맨은 이렇게 정의했다.

'굿맨의 3대 법칙' 즉, CS(Customer Satisfaction 고객만족도)의 3대 법칙.

3대 법칙의 첫 번째, 고객은 클레임을 제기해서 만족한 결과를 얻으면 그 상품이나 기업의 팬이 될 확률은, 불만이 있는데도 아무 말 하지 않는 고객에 비해 지극히 높다.

둘째, 클레임 대응에 불만을 느낀 고객에 의한 소문은, 만족한 고객보다 두 배의 영향력이 있다.

셋째, 소비자 교육을 받은 고객은 기업에 대한 신뢰도를 증가시킴과 동시에 소비도 증가되어 시장이 확대된다.

클레임은 분명, 고객에게 불편하지만 클레임에 대해 고객이 만족할 만큼 잘 처리해주면 오히려 고객을 감탄시킬 수 있다는 말이다. 반대로 '즉시 처리하겠습니다'라고 해놓고 감감무소식인 경우에는 '내가 두 번 다시 이 회사 제품을 사면 성을 갈겠다!'하는 불쾌감을 넘어 증오심을 낳을 수 있다.

당신이 지금보다 훌륭한 일을 하고 싶다면 클레임을 제기한 고객을 팬으로 만드는 비결을 터득해야 한다. 아무리 사소한 클레임이라도 반드시 성의를 다해 처리해야 한다.

20 단 한명의 신뢰도 잃지 마라!

If you would be loved,
love and be lovable.

사랑받고 싶다면, 먼저 사랑하라.
그리고 사랑스러워져라.
벤자민 프랭클린

세일즈맨의 가장 기본은 고객을 정성껏 대하는 태도다. 기본은 가장 쉬워 보이나, 가장 어려운 행동 중에 하나이다. 기본에 충실해야만 그 다음 단계를 논할 수 있다.

자주 찾게 되는 맛집 리스트 중에 소담한 제과점이 하나 있었다. 수도권 근교에 자리한 이 제과점은 맛이 좋기로 소문이 자자해 최근 대형 백화점에도 진출할 정도로 빠른 성장세를 보이고 있었다. 몇 달 전, 해외 기자단과 업무를 끝내고 이 제과점에 들른 적이 있었다. 해외 기자들에게 한국에서의 즐거운 기억을 선물하고자 하는 마음에서였다.

그런데 그 곳의 반응은 예상 밖이었다. 판매원이 불쾌한 기색으로 '한꺼번에 이렇게 많은 사람을 데려오면, 빵을 제대로 제공할 수 없다'는 것이었다. 그 직원의 불평 한 마디로 내 믿음은 산산조각이 났다. 기자단과 발길을 돌렸다. 얼마 지나지 않아, 나를 알아본 매니저가 뛰어나와 죄송하다는 말과 함께, 다시 들어가자고 했다. 그러나 나는 발길을 돌려 나와 버렸고, 다시는 그 제과점에 가지 않는다. 해외 기자들 중에는 그 제과점에 분명 도움이 될 수 있는 고객도 포함이 되어 있었다. 그럼에도 그들은 고객을 그렇게 잃은 것이다. 그 이유는 모두 잘 알 것이다.

우리는 단순히 빵의 맛을 보기 위해 그곳을 찾아간 것이 아니다. 발 빠른 성장세를 보이는 점포의 분위기와 서비스를 느끼고 싶어 찾아간 것이다. 명문 기업이 탄생하기는 어렵지만, 무너지는 것은 한 순간이다.

Success Code
03

최고의
서비스 하는 법

잘 하는
서비스부터 하라!

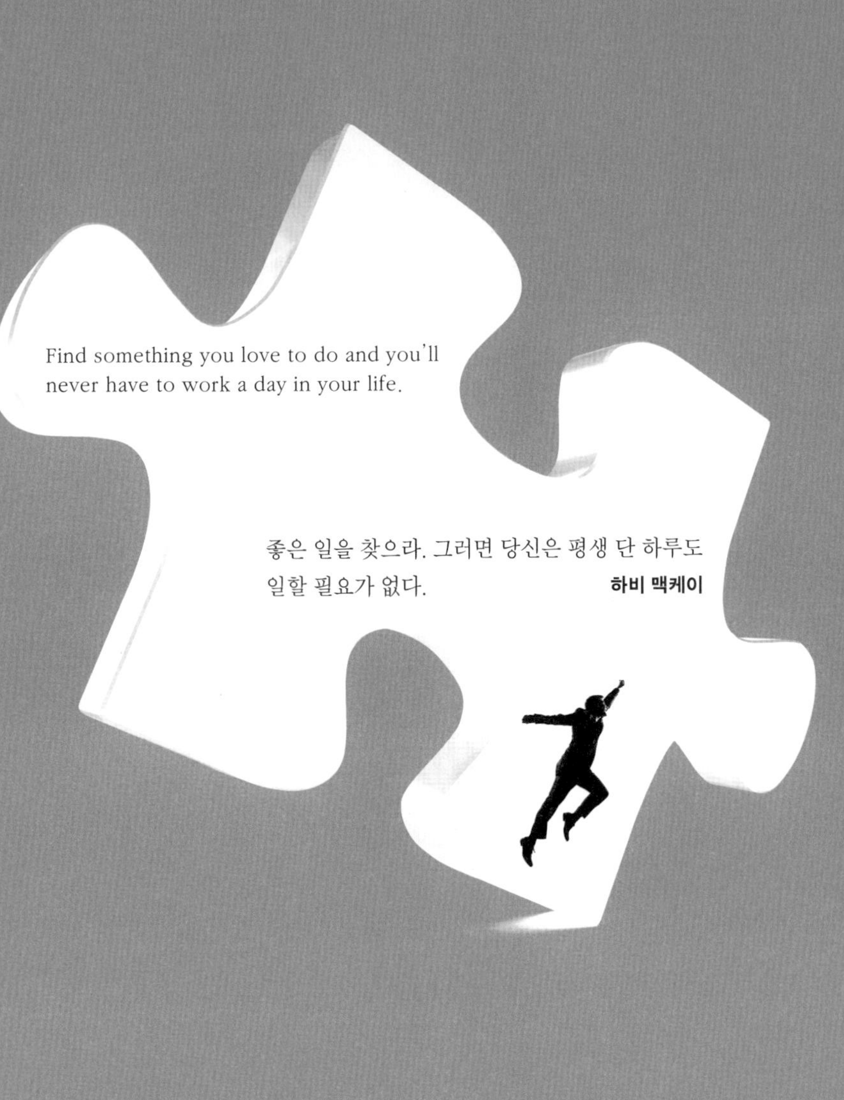

Find something you love to do and you'll
never have to work a day in your life.

좋은 일을 찾으라. 그러면 당신은 평생 단 하루도
일할 필요가 없다.
하비 맥케이

21 고객을 애끓게 하라!

> **"** 계산된 모험을 하라.
> 그것은 무모함과는 전혀 다르다. **"**
> **조지 S. 패튼**

경험이 풍부한 세일즈맨들은 자신이 가지고 있는 상품을 모두 한꺼번에 판매하지는 않는다. 그 이유는 무엇일까? 그러다가 판매시기를 놓치는 위험한 도박이 아닐까?

뛰어난 세일즈맨이라면 판매시기를 절대 놓치지 법이 없다. 단지 그들의 노하우는 한때의 인기를 선택하기보다 꾸준한 관심으로 분배하는 것이다.

세일즈는 고객과 밀고 당기기를 잘 해야 한다.

애플의 스마트폰이 국내에 첫 등장했을 때, 우리는 스마트폰을 손에 넣기 위해 적게는 몇 주, 많게는 한 달 이상을 기다려야만 했다. 상점에 가면 원하는 상품을 손에 넣을 수 있는 기존의 판매 방식과는 완전히 달랐다. 그렇다면 고객들의 반응은 어땠을까? 구매를 포기했을까? 그렇지 않다. 고객들은 분통을 터뜨려 보기도 했지만, 상품에 대한 구매력은 더 강해졌다.

쉽게 말해 하나의 상품이 있다고 치자, 상품을 고객 열 명에게 모두 팔아 버린다면, 상점 주위에는 사람이 없어져 버린다. 고객은 노골적으로 목표가 되는 것을 꺼리기 때문에 손님이 없는 가게에는 들어가지 않는다.

따라서 뛰어난 세일즈맨은 상품을 한꺼번에 팔아 고객을 끊어버림으로써 다른 고객들을 오지 못하게 하는 실수를 저지르지 않는다. 고객을 끊이지 않고 항상 불러들이기 위해서는 여섯 명에게만 팔고, 네 명은 기다리고 한다. 네 명의 고객들이 기다리는 시간을 낭비라고 생각한다면 그것은 당신의 판매 능력이 형편없다는 증거이다.

기다린 고객에게는 시간에 부응하는 부가가치를 선물하라. 그것은 기다려준 고객들에게 주는 보너스이다.

22 더 많이 실행하라!

Even if you're on the right track,
you'll get run over if you just sit there.

" 당신이 아무리 제 길을 가고 있다 할지라도,
그 자리에 그냥 주저앉으면
발길에 치이고 말 것이다. **"**
윌 로저스

고객은 소극적이다. 어느 상황에서도 원하는 물건이 없다고 여기면 좀처럼 물어보지 않는다. 물론 적극적으로 상품을 요구하는 고객도 있기는 하지만, 이것은 드문 경우다. 쇼핑을 하는 대부분의 사람들은 점포를 둘러보다가 본인이 원하는 물건이 없다고 판단되면 미련 없이 발길을 돌린다.

저널리스트 윌 로저스의 말처럼 자신은 아무리 내 길을 묵묵히

가더라도, 발전이 없는 걸음이라면 우리는 금세 뒤처지게 된다.

미국의 부동산 부호로 알려진 도널드 트럼프는 말했다. "늘 더 많은 것을 추구하라. 결코 만족하지 마라. 자신의 성취에 만족하지 마라. 더 많이 실행하고, 더 나은 사람이 되기 위해 노력하고, 더 많은 것을 고객과 주변 사람에게 돌려주어라."

그렇다면 이런 의문이 든다. 고객은 왜 묻지 않는가? 즉 고객의 속마음은 이렇다. '내가 원하는 상품이 없어? 그럼 다른 걸 찾아보지. 뭐, 세일즈맨이 이 사람 밖에 없겠어!'

또한 고객은 그런 일로 당신과 관계를 맺고 싶지 않다고 생각하고 있을지도 모른다. 고객이 당신을 번거롭게 만들지 않는 이유는 바로 그 때문이다.

만약 고객이 어떤 상품에 대해 당신에게 물어봤다면, 어떤 방법을 쓰든 원하는 상품을 제공하라. 그 상황에서 "그런 상품은 없습니다"라고 말한다면, 당신은 용기를 내 어렵게 물어본 고객에게 상처를 주는 것은 물론, 고객을 영영 잃게 되는 주문을 외운 것이다.

최소한 고객이 원하는 상품이 없더라도 고객에게 노력하는 성의를 보여라. 그런 후에도 상품을 찾지 못한다면 다른 상품을 제안하라. 그것이 고객에 대한 최소한의 예의다.

■ 본인의 고객을 귀찮게 여기지 마라.
■ 그들의 용기를 북돋아 주면, 당신은 더 많은 것을 얻을 수 있으리라.

직설적으로 물어라!

You can sell more with your ears
than with your mouth.

입으로 말하기보다 귀로 들으면
더 많이 팔 수 있다.
Anonymous

"고객은 항상 옳다" "고객의 말에 귀 기울여라"는 같은 맥락의 말이다. 만약 자신이 상품이 잘 팔리지 않는다면 자신에게 뭔가 문제가 있기 때문이다. 물론 그것은 상품의 문제일 수도 있지만 상품만이 아니라 자신을 체크해 볼 필요도 있다.

고객은 뛰어난 직관을 가지고 있다. 첫인상으로 모든 것을 결정한다. 더구나 그것을 결정짓는데 단 1초도 걸리지 않는다. 만약에 상품이 팔리지 않는다면 고객에게 직접 물어보자.

"이 상품은 왜 팔리지 않을까요?"

"이 상품의 어느 부분이 불편하십니까?"

그 질문에 대해 고객은 직설적으로 대답할 것이다. 무엇보다 그 대답이 항상 옳다는 사실을 잊어서는 안 된다. 그리고 그들의 대답에 상처만을 받아서는 안 된다. 그들의 말을 겸허히 받아들여 문제점을 고쳐나가야 한다.

또한 그 물음을 습관으로 만들어라. 좋은 운명을 지니려면 좋은 습관을 지녀야 한다. 어떤 습관을 가지고 사느냐에 따라 우리의 운명이 결정된다. 항상 고객에게 당신의 상품에 대해 직설적으로 물어라!

잘 나가는 세일즈맨은 고객에게 직설적으로 묻는다. 고객들은 답을 가지고 있다.

24 격을 파하라!

세상에서 가장 운 좋은 사람은
자기가 하는 일을 즐기는 사람이다.
윈스턴 처칠

2008년 진에어의 출현은 대단히 위험해 보였다. 그러나 그런 우려도 잠시, 진에어의 2011년 매출이 1,703억 원, 영업이익 69억 원을 기록했다. 이는 항공기 운영 대수 대비 영업이익이 10억 원에 달하는 수치다. 진에어의 탄탄한 경영실적의 비결은 뭘까? 그것은 바로 그들만의 차별화된 마케팅 콘셉트 덕분이다.

진에어는 국내선에서 좌석 번호를 없앤 좌석 배정방식을 도입,

승객들에게 큰 호응을 이끌어냈다. 무엇보다 기존의 격이 파괴한 '청바지 유니폼'이 급성장의 핵심 역할을 톡톡히 해냈다는 분석이다. 저가 항공이라는 실용적 항공사 이미지에 맞춰 실용성을 적절하게 내세웠기 때문이다. 다른 항공사의 격식 있는 승무원 유니폼을 벗어던지고, 활동성을 강조한 청바지에 티셔츠를 유니폼으로 선택, 실용성을 강조한 것이 강력한 마케팅의 밑거름 역할을 했다.

고객들은 대단히 영리하고 현명하다. 이제 고객들은 가격대비 실용성을 높인 상품들을 찾는다. 즉 상품에 맞춰 세일즈맨도 변화해야 한다는 말이다. 실용성을 높인 의상과 서비스로 고객에게 다가가야 한다. 쓸데없는 허영을 빼야 진정한 세일즈맨이 될 수 있다.

자기 일을 즐긴다는 것을 고객에게 알려라! 그렇다면 고객도 당신에게 반하게 될 것이다.

고객의 마음부터 읽어라

The important thing is
never to stop questioning.

중요한 것은
계속 의문을 갖는 것이다.
아인슈타인

잘 나가는 세일즈맨 100명에게 노하우를 물었다. 그들의 노하우
는 의외로 단순했다. 고객이 보내는 보이지 않는 신호를 어떻게 읽
느냐가 관건이라 답했다. 그런 의미에서 세일즈맨은 마음을 읽는
눈을 가져야 한다.

평소 말수가 없는 보험설계사가 있었다. 너무 말수가 없어 이렇

게 생각하곤 했다. '저 사람이 세일즈를 잘 할 수 있을까?' 그러나 그것은 잘못된 생각이었다. 그는 보험업계에서는 소문이 자자한 MDRT(Million Dollar Round Table) 회원이었다. 그러고 보니, 그런 생각이 들었다. 가끔 만날 때마다, 그 세일즈맨은 한 번도 보험을 권한 기억이 없었다. 항상 묵묵히 들어주고, 잊을 만하면 나타나 안부를 묻는 정도였다.

즉 세일즈는 머리가 좋다 해서, 화술이 뛰어나다 해서, 과감한 행동력이 있다고 해서 되는 것이 아니었다. 사람의 마음을 읽지 못하면 절대 실적을 올릴 수 없다.

누구나 하는 서비스만으로 고객이 당신을 선택하지 않는다. 누구나 하는 것은 기본으로 하되, 누구나 하지 않는 고객 맞춤 서비스를 찾아 진행하라. 고객에게 안부를 묻고, 그들을 귀찮게 하는 것만으로는 그들의 마음을 얻을 수 없다. 진정한 서비스란, 고객이 원하는 것을 스스로 찾아 해주는 것이다. 가끔은 고객에게 서비스를 하지 않는 것도 서비스인 것이다.

고객들이 필요로 하는 것을 찾아줘라! 그러려면 우선 고객들의 말을 귀담아 듣고, 그들의 마음을 읽어내라!

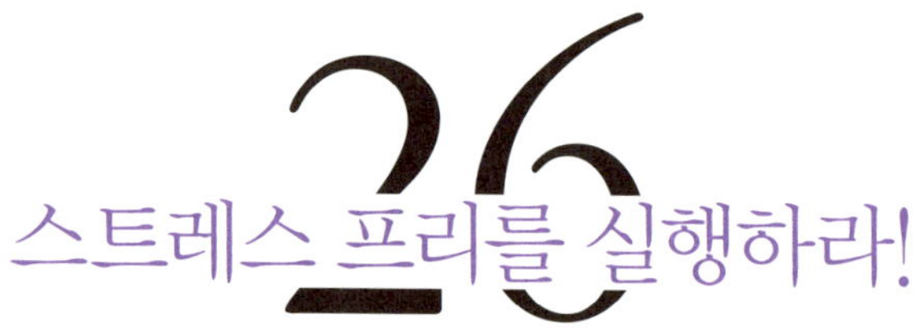

26

스트레스 프리를 실행하라!

" 하면 할수록 더 할 수 있다. "

해즐릿

세일즈를 하다보면, 클레임보다 더 피하고 싶은 것이 반품이다. 그러나 명심해야 한다. 반품이란, 고객도 부담스럽긴 마찬가지다.

누구나 반품을 하면서 불편함을 겪은 기억이 있을 것이다. 한 번은 백화점에서 구입한 물건을 반품하려고 했던 적이 있었다. 그때의 판매원 태도 때문에 다시는 그 백화점에 가지 않는다. 처음에 상냥하게 대하던 판매원도 반품이라는 사실을 알자마자 귀찮은 기색이 역력했다. 판매원의 태도가 이해가 되지 않는 것은 아니지만, 귀찮은 것은 마찬가지였다. 게다가 갖가지 서류에 서명을 요구하며 피의자 취급을 하는 것은 참을 수 없어 물었다.

"이렇게까지 해야 하는 겁니까?" 규정이라는 판매원의 짧은 대답. 그러나 더 화가 났던 것은 매너리즘에 빠진 판매원의 태도였다.

미국은 소비자의 천국이다. '소비자의 천국'이라 불리는 만큼 반품에 있어서도 '스트레스 프리'(Stress Free)가 원칙이다. 반품 이유는 물론, 주소나 이름, 전화번호 따위를 가입하는 일도 없다. 반품을 쉽게 받아준다고 해서 손해를 본다고 생각해서는 안 된다. 고객을 놓치는 것 이상으로 손해를 보는 일은 없다. 반품에 드는 비용도 대단하지 않을 것이다.

고객이 돈을 지불하는 것은 상품에만 국한시키지 마라. 고객은 이미 당신의 서비스에도 돈을 지불한 것이다.

■ 반품 역시 쿨~하게 처리하라!
■ 반품은 고객에게도 스트레스다.

27 기회를 먼저 만들어라!

기회를 찾아야 기회를 만든다.
패티 헨슨

베스트셀러 상품은 차별화된 상품과 그것을 원하는 고객이 있어야 한다. 또한 타이밍이 중요하다. 트렌드를 주도하고, 타깃을 잘 잡았다 해도, 타이밍을 적절하지 않다면 구매력은 떨어지기 마련이다. 즉, 트렌드와 타깃, 타이밍의 3요소가 잘 맞아야 떨어져야 베스트셀러 상품이 될 수 있다.

지난 2002년 한일월드컵 때의 일이다. 서울 시내가 붉은 물결이었다. 지금까지 옷장에서 잠자는 붉은 티셔츠 한 장 정도는 모두 가지고 있을 것이다. 그러나 월드컵 개막 전까지만 해도 붉은 티셔츠가 그토록 불티나게 팔릴 것으로 예상한 패션업체는 많지 않았다. 한국의 4강 진출을 예상한 기업이 많지 않기 때문이다. 그 당시 동대문에서는 붉은색 티셔츠가 없어서 못 팔 정도였다. 붉은 원단을 구할 수 없던 어느 업체에서는 뒤늦게 중국에 몇 만장의 붉은 티셔츠를 주문했다. 그러나 많은 양의 티셔츠를 들여오는 과정에서 세관의 문제가 생겼다. 이렇게 지체가 되는 사이, 한국은 독일의 벽을 넘지 못하고 4강에서 주저앉았다. 결국 뒤늦게 붉은 티셔츠를 들여온 업체는 헐값에 붉은 티셔츠를 처분하며 손해를 봐야 했다.

즉 트렌드를 읽는다고 해도, 타이밍을 제대로 맞추지 못하면 이익은커녕 손해를 입게 된다. 판매의 원리는 팔릴 만한 상품을 팔릴 만한 순간에 파는 것이다. 이런 원리를 따르지 못하면 손실이 증가하고 비용이 늘어난다. 트렌드에 민감한 패션업체들이 서로 앞다투어 패션쇼를 하는 것은 유행을 창출하고, 고객들을 자연스럽게 자신들이 짜둔 트렌드 쪽으로 이끌기 위해서다.

스스로 기회를 먼저 만들어라! 그리고 기회가 왔을 때는 절대 놓치지 마라!

센스 있는 칭찬을 준비하라!

I praise loudly, I blame softly.

" 나는 칭찬은 큰 소리로 하고,
비난은 작은 소리로 한다.
캐서린 2세 "

고래도 춤추게 만든다는 칭찬. 남녀노소를 불문하고 누구나 칭찬 받기를 좋아한다. 누군가로부터 인정받는 것만큼 즐거운 일도 없다. 설령 예의상으로 오가는 칭찬이라는 것을 알고도 기분 좋아지는 것이 칭찬이다.

그렇다면 이렇게 생각해 보자. 식상한 칭찬에서 벗어나 보는 것이다. 우선 칭찬하기 위해서는 상대방을 자세히 관찰해야 한다.

우린 기본적으로 이런 칭찬을 많이 한다. "와, 옷 예쁘네요!" 이제부터는 상대방의 옷 입는 센스부터 칭찬해 보자. 단순히 "옷 예쁘다"라는 칭찬보다 더 정성이 들어간 칭찬이다. 사람은 누구나 자신의 물건보다 자신이 지닌 센스, 안목, 식견, 철학 등을 인정받고 싶어 한다.

그러나 명심해야 하는 것은 칭찬과 비위 맞추기를 혼동하면 안 된다는 것이다. 비위를 맞추는 것은 상대방을 무조건 치켜세워 주는 것이지만 칭찬은 상대가 가진 장점, 가치를 알아주는 것이다. 이 둘이 차이는 과장된 칭찬을 하지 않는 것과 태도에 있다. 칭찬을 할 때는 당당하고, 밝게, 긍정적인 말투로 할 수 있을 때마다, 할 수 있는 곳에서 큰 소리로 말하라.

세일즈맨에게 있어 서비스란 단순히 상품을 파는 행동이 아니다. 고객의 만족감을 충족시켜주는 것이 바로 서비스이다. 고객은, 당신의 이름은 기억하지 못해도 당신에게서 높은 평가를 받았다는 사실만은 절대로 잊어버리지 않는다. 당신은 고객에게 그 정도의 영향력을 가지고 있다.

■ 누구나 할 수 있는 칭찬은 하지 마라!
■ 고객을 관찰하고, 그들이 원하는 칭찬을 하도록 해야 한다.

시시각각 변화하라!

"

"

어리석은 자는
절대로 변하지 않는 사람이다.
바르델레이

대부분의 사람은 밝고 화려한 분위기를 좋아한다. 친구를 사귈 때 역시 밝고 활기찬 사람과 더 쉽게 친해진다. 즉 고객들은 활기찬 세일즈맨과 밝고 화사한 분위기를 선호하게 마련이다. 이것이 세일즈의 기본 법칙이다.

또한 고객은 한적한 것보다는 혼잡한 것을 좋아한다. 음식점을 선택해도 사람이 없는 음식점은 꺼리게 된다. 즉 인적이 드물고, 음

침한 느낌이 드는 세일즈맨은 만나기가 꺼려진다. 따라서 어두운 분위기를 풍기는 세일즈맨은 고객들이 따르지 않는다.

마음의 파동은 쉽게 감염된다. 우울한 분위기의 가게에는 우울한 사람밖에 가지 않는 것도 모두 파동 때문이다. 좋은 고객을 부르고 싶다면 좋은 분위기를 만들어라!

활기찬 세일즈를 위해서는 변화를 두려워하면 안 된다. 고인 물은 썩기 싶듯, 변화를 두려워하면 도태되기 마련이다.

현장의 분위기를 당장 바꿔보고자 한다면, 간단한 변화로 시작해 보자. 우선 상품 진열대의 위치를 오른쪽에서 왼쪽으로만 바꿔도 좋다. 변화는 최대의 에너지이다. 끊임없이 변화를 주면 활기가 넘치는 것처럼 보인다. 활력이 넘치는 세일즈맨에게 고객이 모이는 법이다.

변화를 두려워하지 말고, 하루에 하나씩이라도 변화하려 노력하라!
고객은 기쁜 마음으로 변화를 즐길 것이다.

 고객을 차별하지 마라!

지혜는 그 어떤 재산보다 더 중요하다.
소포클레스

고객은 누구나 소중하다. 고객 중에는 경차를 타는 사람도 있고, 중형차를 타는 사람도 있고, 값비싼 양주를 사는 사람도 있고, 저렴한 와인을 사는 사람도 있다. 그렇다고 세일즈맨이 고객이 지불하는 가치마다 차별을 한다면 그것은 옳지 않은 것이다.

이렇게 생각하라. 경차를 타는 사람이 성공해 중형차를 탈 수 있고, 지금은 싸구려 와인을 먹는 사람이 비싼 양주를 살 수 있는 가능성은 언제나 있다.

예를 들어, 전자대리점에서 텔레비전을 구입한 고객에게는 고개를 깊숙이 숙여 인사한다. 그러나 건전지를 사는 고객에게는 습관적인 인사만 한다면, 나중에 그 고객이 설령 텔레비전을 구매해야 할 때도 그 상점은 찾지 않게 된다.

명심할 것은 세일즈란 비싼 상품을 사는 고객만을 위해 존재하는 것이 아니다. 고객을 한순간 구매로 판단해서는 절대 안 된다. 고객이 어느 순간에 어떤 구매자가 될 지 가늠할 수 없다.

아예 이렇게 생각하라. "100만 원 짜리 상품을 사는 고객보다 1만 원짜리 상품을 사는 고객이 나를 번창하게 만든다"라고 말이다.

그렇다면 100만 원짜리 고객을 무시해서는 절대 안 된다. 단지 고객을 차별하거나 그런 행동들을 고객들에게 절대 들키지 말라는 말이다.

지혜를 가지고 고객들에게 다가서라!
지혜로운 행동은 고객들의 마음을 살 수 있는 기회를 준다.

고객의 마음을
얻는 법

고객만을 위한 서비스를 발명하라!

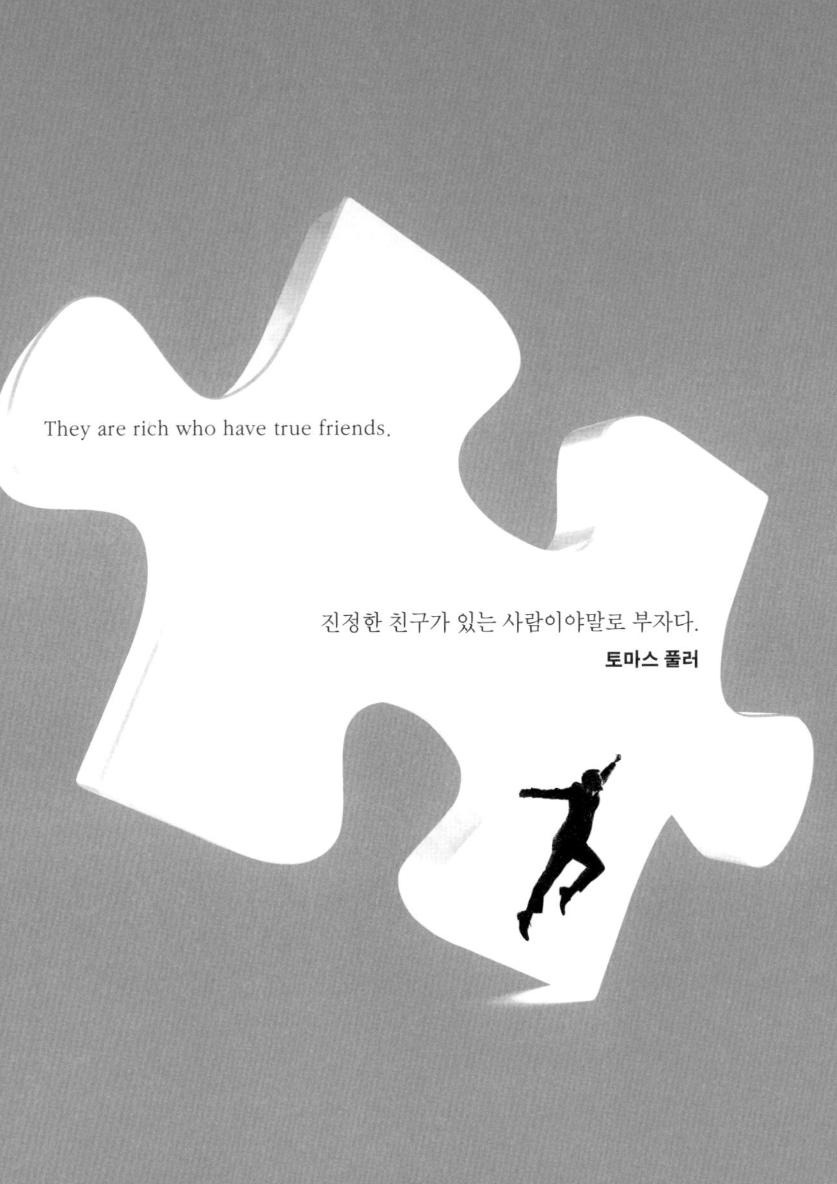

They are rich who have true friends.

진정한 친구가 있는 사람이야말로 부자다.

토마스 풀러

31 고객의 이름부터 외워라!

> A wise man will make
> more opportunities than he finds.
>
> 현명한 자는 기회를 찾을 뿐 아니라
> 더 많은 기회를 만든다.
> **베이컨**

상대방의 마음을 얻으려면 가장 기본적인 사항을 체크해 봐야 한다. 베이컨의 말처럼, 기회를 많이 만들기 위해서는 기본에 충실해야 한다.

가장 기본이 되는 것은 고객의 이름을 외우는 것이다. 당신은 고객의 이름을 얼마나 기억하고 있는가? 사람은 자신의 이름을 불러지는 것을 반긴다. 상대방에게 자신이 인지되어 있다는 것과 대접을 받고 있다는 기분이 들기 때문이다. 세일즈맨은 사소한 것을 신경 써야 한다.

영화 '악마는 프라다를 입는다'는 일류 잡지 편집장의 비서가 되기 위한 고군분투기다. 이 영화를 보면 이런 장면이 나온다. 여주인공은 편집장과 파티에 참석하기 위해 파티에 참석한 VIP들의 이름을 모두 외운다. 그리고 편집장에게 결정적으로 인정받는 것이 아무도 기억하지 못한 참석자의 이름을 알려줄 때였다. 이름을 외우는 것, 어찌 보면 당연하고, 간단하지만 정말 어려운 것이다. 자신에게 수행비서가 있다면, 그의 기억력을 빌릴 수도 있겠으나, 현실은 그렇지 않다. 무조건 외워라.

길에서 우연히 마주친다고 해도, "안녕하세요. 고객님!"이 아니라, "여기서 만나니 더 반갑네요. ○○○ 고객님"이라고 당당히 외칠 수 있을 정도가 돼야 한다.

세일즈맨은 고객과 명함을 교환한 순간 고객의 이름을 명확히 외워야 한다. 단지 직책이나, 어설픈 명칭으로 다가갔다간 도리어 망신만 당하고 만다.

고객을 이름으로 각인시키는 것을 습관으로 만들어라. 그래야 그들의 마음을 얻을 수 있다.

32

보이지 않는 서비스를 하라!

Sometimes one pay most for the thing
one gets for nothing.

때때로 사람은 공짜로 얻은 것에
가장 값비싼 대가를 지불한다.
아인슈타인

가족들과 자주 들르는 고깃집이 있다. 활기찬 가게 분위기에 가게는 항상 문전성시를 이룬다. 일주일에 한 번씩 가게 되다보니, 어느 날 주인이 물었다.

"신선한 부위가 방금 들어왔는데, 몇 점 구워 드리겠습니다."

그런데 오히려 건너편 손님이 더 반갑게 답한다. "오늘 고기 좋겠네요. 저도 부탁드립니다."

주인이 나에게 권한 메뉴는 메뉴판에는 없는 것으로 사장이 고 맙게 여기는 단골손님을 위해 특별히 준비하는 서비스 메뉴였다. 사장은 얼떨결에 모든 손님에게 단골손님을 위해 준비해 둔 귀한 메뉴를 제공해야 했다.

어느 가게나 단골손님이 존재한다. 그리고 대부분의 주인들에게 단골고객은 대단히 고마운 존재이다. 따라서 정성스레 대접하기 마련이다. 좋은 것은 소중하게 간직해두었다가 특별히 제공해 주기도 한다. 그것이 인지상정이다.

그러나 앞에서도 언급했던 세일즈에 있어 고객을 차별해서는 안 된다. 고객이 차별대우를 알아차리는 순간, 그것은 치명적이다. 단골손님에게만 특별한 서비스를 제공한다는 식으로 세일즈를 했다간, 매출도 눈에 띄게 떨어지게 될 것이다.

단골손님도 처음에는 뜨내기손님이었다. 뜨내기손님을 정성껏 대했기 때문에 단골손님으로 정착했다는 사실을 잊지 마라!

단골손님에게 서비스를 하려면 보이지 않는 곳에서, 내색하지 않고 해야 한다. 이와 반대로 새로운 고객의 개척에만 신경을 쓰느라 단골손님을 지키지 못하면, 마찬가지로 매출은 떨어진다.

33 망설이지 말고, 실행하라!

누구나 뜻밖의 선물을 좋아한다. 고객도 마찬가지다. 뜻밖의 서비스는 고객에겐 뜻밖의 선물을 받을 때와 같은 기쁨을 준다. 고객의 기대와 실제 서비스의 차이에 따라 불만이나 만족도가 결정된다.

'언제라도 좋다'라는 고객의 말은 당장 실행해 달라는 뜻이다. 만약 약속에 조금 늦었더라도 뒷걸음치거나, 망설이지 말고 그들에게 기쁨을 줄 수 있는 서비스를 연구하라.

고객은 어느 순간 만족할까? 그것은 고객이 전혀 기대하지 않았을 순간에 서비스를 하는 것이다.

푹푹 찌는 여름이 되면 에어컨이 인기다. 에어컨이 인기인만큼 설치기사들의 일정도 빡빡하게 돌아간다. 무더위를 피해 구매를 했건만 에어컨을 설치하려면 무조건 기다려야 한다. 대부분 예정보다 늦게 물건을 받게 된다. 처음에는 화를 내기 마련이다. "다른 사람들과 똑같이 구매를 했는데, 나만 왜 이리 늦는 거요?" 그러나 일정 시간이 지나면, 고객들은 포기를 하고 기다리게 된다.

앞으로 3일 후에나 설치가 가능하리라 답변을 들은 고객에게 오늘 당장 에어컨이 설치해 줄 수 있는 전화를 한다면 그들은 오히려 감사함을 표시한다.

약속 날짜보다 늦게 상품을 받았음에도 고객은 기뻐하게 된다. 그것은 포기하고 있었던 상품이 예상보다 빨리 도착했기 때문이다.

망설일 시간이 있다면, 고객을 위해 할 수 있는 모든 것을 찾아 실행하라!

34 첫 만남에서 마음을 얻어라!

기회 없는 능력은 쓸모가 없다.
나폴레옹 1세

　세일즈맨은 많은 사람들을 만난다. 세일즈맨은 첫 만남에서 고객의 마음을 사로잡을 수 있어야 한다. 그러려면 우선 고객과 편안함을 줄 수 있는 만남의 장소를 미리 알아둬야 한다.

　첫 만남이라면, 서로 부담이 되는 자리인 만큼 심리적으로 부담이 되지 않는 간단한 식사를 할 수 있는 장소가 좋다. 세일즈맨은 맛집 정보를 항상 수집하고, 언제든 편안하게 고객을 만날 수 있는 아지트 장소를 만들어두는 것이 좋다.

　또한 고객과 미팅을 하기 전, 사전 조사를 해 보는 것도 좋다. 고객은 자신의 품격에 맞추어 장소를 선택한다는 사실을 알고 있기 때문이다. 만남의 성패는 세일즈맨과 상품의 가치도 중요하게 작용하지만, 장소가 주는 분위기에도 있다는 사실을 잊어서는 안 된다. 만약 식사를 한다면 그 음식점의 종업원이 고객에게 어떤 태도를 취하느냐에 따라 비즈니스의 성패가 결정되기도 한다.

　또한 일류 레스토랑에 초대하기보다는 자신의 단골 음식점으로 초대하는 편이 좋은 결과를 낳기도 한다. 일류 레스토랑의 경우 당신은 수많은 고객 중의 한 사람일 뿐이다. 그러나 속마음까지 속속들이 아는 단골 음식점에서는 다르다.

　고객이 미식가라고 판단이 되면 맛에 자신이 있는 음식점으로 초대하는 편이 좋다. 그러면 고객도 자신의 음식점 리스트에 그 가게를 포함시킬 수 있다. 그렇게 고객과 친분을 쌓는 것이다.

　명심할 것은 너무 분위기에 취해 흥청망청해서도 안 된다. 기회를 만들었다면, 능력을 십분 발휘해야 한다. 첫 만남에서 당신의 능력을 보여줘라. 그래야 고객은 당신에게 마음을 연다.

■ 고객의 취향, 만남의 성격에 맞게 만남의 장소를 신중하게 선택하라!
■ 첫 만남에 많은 것을 걸어라!

35 한결같이 진심을 담아라!

" "

위대한 사람은 기꺼이 자신을 낮춘다.
에머슨

평소 친분이 두터운 세일즈맨이 하루는 고객과의 전화를 끊자마자 "에이, 기분 맞추기 정말 어렵네"란다. 충격이었다. 워낙 붙임성이 좋고, 성실한 세일즈맨이어서 충격은 더 컸다. 그리고 이런 생각도 들었다. '앞에서는 기자님, 기자님 하면서 잘 따르지만, 뒤에서는 어떨까?'

가끔 고객과 전화를 하면서 책상 위에 다리를 올려놓고 전화를 하는 세일즈맨들도 있다. '고객이 볼 수 없는 전화 응대인데'라며 아무렇지 않게 넘어간다.

그러나 그것은 엄청난 착각이다. 고객은 그 사람이 정말로 감사하는지, 형식적인 인사인지를 알고 있다. 게다가 당신의 그런 태도를 주위에 있는 다른 세일즈맨이 보고 있지 않은가? 평소 좋게 보였던 세일즈맨이 이상해 보인 것처럼, 고객을 응대하는 이중적인 태도를 보인다면, 스스로 말과 행동이 일치하지 않는 사람이라고 광고하는 것이나 다름이 없다.

무엇보다 아무리 감추려고 해도 당신의 행동 하나로 고객은 모든 것을 알게 된다.

이와는 반대로 전화 수화기에 대고 "감사합니다!"라며 연신 고개를 꾸벅이는 사람도 있다. 그것은 세일즈맨 스스로의 마음의 문제이다. 고객이 바로 앞에서 지켜보고 있느냐 아니냐가 중요한 것이 아니다.

자신의 고객을 보이지 않는 곳에서도 존중해 준다고 욕할 사람은 아무도 없다. 고객의 뒷모습이 사라질 때까지 인사를 거듭하는 자세야말로, 세일즈의 기본이다. 단지 물건을 건네주고 돈을 받는 것이 세일즈가 아니다.

언제 어디서나 고객을 존중하라. 이것이야말로 진심이 담아내는 행동이다. 그 행동 하나만으로 훌륭한 메시지를 고객에게 전할 수 있다.

 당장의 이익을 포기하라!

Man cannot discover new oceans
unless he has courage
to lose sights of the shore.

과감하게 해변을 포기하지 않으면,
새로운 대양을 발견할 수 없다.
지드

이익은 나중에 생각한다. 쉽지 않은 문제이다. 그러나 이것이 세일즈의 성패를 좌우하는 비결이다. 이익을 먼저 추구한다면 당장은 좋을지도 모른다. 사실 비용을 절감하려면 값싼 재료를 사용하거나 애프터서비스에 신경을 쓰지 않으면 된다. 그러나 그렇게 세일즈를 한다면, 그 세일즈맨은 얼마 지나지 않아 망하게 될 것이다.

세일즈를 이익만을 쫓으며 한다면 아예 시작을 하지 않는 것이 좋다. 누구나 이익을 내기 위해 세일즈를 할 수 있다. 그러나 누구나 성공을 하는 것은 아니다. 고객의 마음을 잡아야 비로소 성공할 수 있는 것이다.

목표가 높으면 경쟁자도 나타나지 않는다. 그리고 고객에게 만족을 주기 위해 최선을 다한다면 고객은 배반하지 않는다.

속리산 입구에 65년 전통의 한정식집이 있다. 그 가게를 찾으면 이색적인 물건을 어렵지 않게 볼 수 있다. 그것은 바로 방 한켠에 쌓여있는 용기다. 이 용기의 정체는 바로 남은 반찬을 담아갈 수 있게 한 식당 주인의 아이디어다. 음식점들마다 잔반을 재사용하지 않는다고 하지만, 그것을 100% 신뢰하는 손님들은 그리 많지 않다. 그렇기 때문에 이 식당은 너무도 고마운 식당이다. 그 용기의 정체를 아는 순간 손님들은 안도하며, 식사를 즐겁게 할 수 있다. 65년, 이 식당은 어머니에서 아들, 아들에서 딸로 이어지는 3대째 맛을 이어가고 있다. 이렇게 장사를 오래 지속하려면 이익에 혈안이 되어 주판알을 튕기는 대신 고객에게 최상의 기쁨을 주기 위해 노력해야 한다.

눈앞의 이익을 대신해 고객에게 투자하라. 눈앞의 이익을 쫓는 것은 고객을 쫓는 것이다.

37 가격에 목숨을 걸지 마라!

자신을 의심하면,
곧 자기가 서 있는 땅이 흔들린다.
입센

세일즈맨과 고객이 가격 흥정을 하는 것은 흔히 볼 수 있는 장면이다. 요즘 고객들은 하나의 상품을 구매할 경우 평균적으로 세 명이상의 세일즈맨을 만난다고 한다. 또한 비싼 가격의 상품을 구매하면 할수록 더 많은 세일즈맨을 만난다. 자동차를 구매한다고 가정하면, 한 번 바꾸면 오래 사용해야 하는 자동차의 특징상 다양한 브랜드의, 같은 브랜드라 할지라도 직영과 대리점의 종류별 세일즈맨을 만나며 상품을 비교한다. 즉 고객들은 상품을 구매할 때, 상품에 관한 많은 공부를 한다. 그리고 일정 시간이 지나면 고객은 세일즈맨을 압도하는 정보력을 갖게 된다.

- A자동차는 10만 원을 할인해 준다고 했다.
- B자동차는 20%를 할인해 준다고 했다.

고객은 A자동차를 결정했지만, B자동차를 찾아가 다른 상품을 구매할 것 같다며, 할인이 더 가능한지 물었다. A자동차의 경우 더 많은 할인은 안 된다고 한 것과는 달리 B자동차는 할인이 더 가능하다고 했다.

고객은 과연 어떤 자동차를 구매할까? 고객은 결국 A자동차를 구매했다.

끝도 없이 할인을 해 준다고 약속하면 오히려 상품의 질을 의심받게 된다. 결론적으로 경쟁적으로 낮추는 할인보다 고객에게 가능한 서비스 범위를 제시해 주는 것이 중요하다. 그리고 그런 범위를 모든 고객에게 동일하게 적용해야 한다. 왜냐하면 자신의 고객이 다른 고객을 만나 "나는 그 보다 더 싸게 샀다"라는 말을 들을 수도 있다. 그렇게 되면 그 고객은 당신에게 속았다는 기분이 들고, 결국 고객 한 사람을 놓치게 된다.

가격 할인에 승부수를 던진다는 것은 시대에 뒤떨어지는 발상이다. 서비스 범위를 정해 모든 고객에게 동일하게 적용하라!

 무조건 감사하라!

"감사합니다"

이 한 마디의 말은 무궁무진한 힘을 지닌다. '감사의 힘'의 저자 데보라 노빌은 '감사합니다'라는 말이 지닌 상승효과는 부메랑과 같이 긍정의 효과를 가져와 성공과 행복에 도달할 수 있다고 말한다.

성공한 세일즈맨이 되기 위해서는 고객들을 귀하게 여기며, 매순간을 감사해야 한다. 세상에는 참으로 많은 세일즈맨이 있다. 수많은 세일즈맨 중에 자신을 선택한 고객들에게 감사의 마음을 늘 잊지 말아야 한다.

그리고 잊지 말자. 고객은 절대 아무런 이유 없이 당신을 선택했을 리는 없다. 당신을 신뢰하기 때문에 당신을 선택한 것이다. 그렇기 때문에 항상 감사하고, 귀하게 고객을 여겨야 하며, 신뢰를 잃지 않기 위해 노력해야 한다.

고객은 언제라도 다른 세일즈맨에게 날아갈 수 있다. 그러나 현재는 당신을, 당신의 상품을 선택했다. 이 사실 하나만으로 진심으로 감사해야 하는 것이 아닌가? 이것은 참으로 고마운 일이다.

■ 매순간 고객들에게 감사하고, 그 감사를 표현하라! 신뢰가 쌓이면 고객은 당신을 친구처럼 여길 것이다.

고객을 스승으로 모셔라!

Every man I meet is
in some way my superior.

어떤 의미에서 내가 만나는 모든 사람은
나의 스승이다.
에머슨

3장에서도 말한바, 세일즈맨에게 상품의 교환 요청이나 반품은 반갑지 않은 일이다. 그러나 그것은 고객도 마찬가지다. 고객의 입장에서 상품을 교환하거나 반품을 하기 위해 세일즈맨을 다시 찾아야 하는 것만큼 번거로운 일이 없다.

상품에 대한 만족이 있었다면, 고객들은 절대 상품을 교환하거나 반품하지 않는다. 고객이 불편함을 느껴 교환을 원한다면 세일 즈맨은 교환은 물론이고, 시간적 낭비와 정신적 피해를 입은 고객에게는 꼭 보상을 해야 한다. 세일즈맨에게는 고객이 스승이다.

다시 한 번, 강조한다. 고객에게 교환, 반품 과정에서 스트레스를 주지 마라. 그렇게 되면 당신은 고객의 마음을 절대 얻을 수 없다. 고객 역시 '혹시 반품이 되지 않으면 어떡하지?' '교환이 안 되면 어떡하지?'라며 걱정을 하고 세일즈맨을 찾을지도 모른다. 그럴 때, '당연히 교환해 드리겠습니다'하고 친절하게 대한다면 어떨까? 아마도 고객은 미안해하면서 '다음에도 여기서 제품을 구입하고 싶다'라고 생각하게 될 것이다. 교환·반품이라는 기회를 잘 살리면 한 사람의 단골을 확보할 수 있는 것이다.

만약 반대로 노골적으로 싫어하는 표정을 짓거나 비아냥거림을 담아 불평을 한다면 어떻게 될까? 소중한 고객을 다른 세일즈맨에게 쫓는 것이나 마찬가지다.

어차피 반품을 받아들일 거라면 당신과 고객 모두에게 이익이 되는 방향을 찾아라.
그것이 서로를 위해서도, 당신을 위해서도 좋은 일이다.

 충동구매를 이용하라

Take time by the forelock.

기회를 놓치지 말라.
스티븐슨

사람에게는 이성과 감성이 공존한다. 사람은 365일 감성적이지도, 이성적이지도 않으며, 언제나 이유나 이치에 따라서 움직이지 않는다. 언제나 컴퓨터처럼 논리정연하게 행동하지 않는다는 말이다.

고객의 입장에서 아무런 이유로도 설명이 되지 않는 것이 충동

구매이다. 물건을 구입할 의사가 전혀 없었음에도 불구하고 상품을 구경하는 사이에 자신도 모르게 구입하는 경우가 종종 있다. 세일즈맨에게는 이것만큼 좋은 기회가 없다. 따라서 이 기회를 절대 놓치면 안 된다. 우선 고객이 구매 욕구를 느낄 수 있는 분위기를 조성해야 한다.

충동구매를 하는 고객들은 세일즈맨을 귀찮아하지 않는다. 즉 이런 고객을 만난다면, 당신은 좀 더 적극적일 필요가 있다. 그리고 그 고객이 바라는 게 무엇인지 발 빠르게 파악하라. 다양한 특징을 가진 상품들을 권하고, 장점을 알려라. 이것은 고객을 귀찮게 하는 것과는 다른 문제이다.

백화점에서는 상상 이상으로 돈을 낭비하는 일이 적지 않는다. 특히 친구들이 같이 갔을 때는 서로의 허영이나 라이벌 의식이 작용하여 자신도 모르게 충동구매를 하게 된다.

사람들은 충동구매를 이렇게 정리한다. "자신도 모르게" "충동적으로" "왠지 모르게"라고. 사람은 늘 이성적이지 못하다.

유능한 세일즈맨이라면 이 기회를 놓칠 리가 없다.

Success Code
05
성공을 위한
습관 만드는 법

혁신적인
비즈니스를 하라

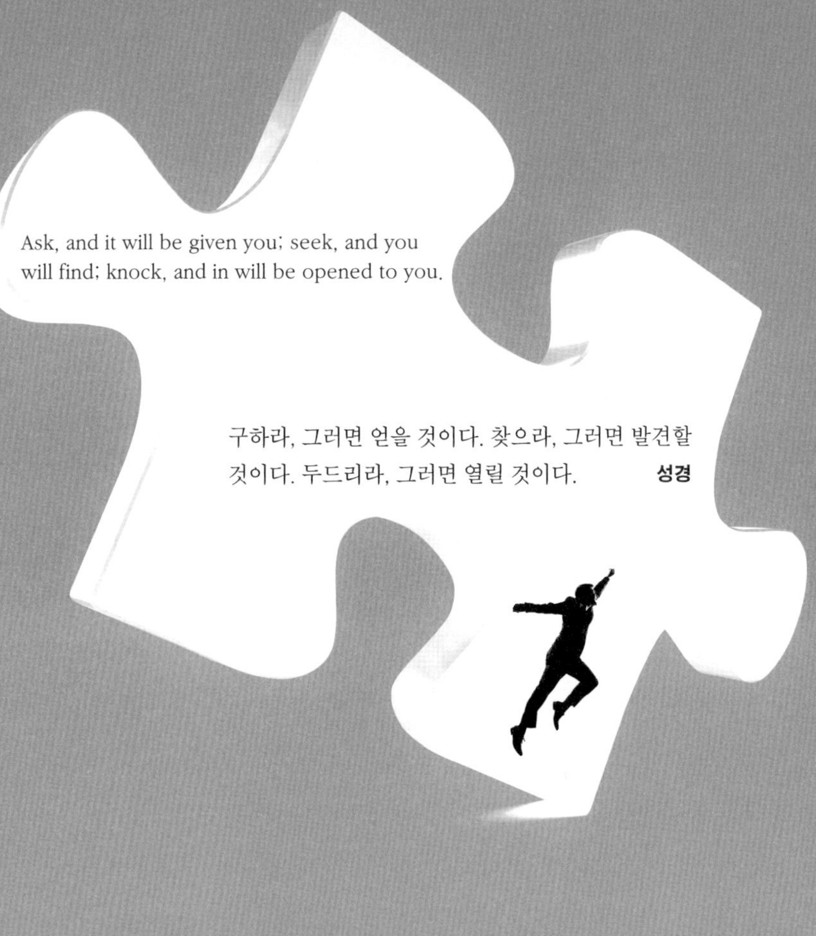
Ask, and it will be given you; seek, and you will find; knock, and in will be opened to you.

구하라, 그러면 얻을 것이다. 찾으라, 그러면 발견할 것이다. 두드리라, 그러면 열릴 것이다. 성경

11
지식으로 설계한 마케팅을 하라!

> 삶은 좋은 패를 쥐고 있느냐의 문제가 아니라,
> 들고 있는 패로 어떻게
> 게임을 잘 하느냐의 문제이다.
> **조시 빌링스**

A사 보험설계사를 만나 B사 보험설계를 해달라고 하는 고객은 없겠지만, 타사의 상품을 언급하며 비교를 바라는 고객은 얼마든지 있다. 그때 "그 보험 상품은 우리 회사의 제품이 아닙니다" 하고 고객을 쫓아 버리겠는가? "그 상품은 없지만, 이 상품은 그 상품이 가지고 있지 않은 장점을 가졌습니다"라고 고객을 설득하느냐는 오로지 영업사원의 능력에 달려 있다. 당신은 과연 어느 쪽인가?

세일즈맨에게 자신이 취급하는 상품에 대한 지식은 물론 풍부하겠지만, 그 지식을 자신의 상품으로만 국한시키면 안 된다. 고객이 고민하고 있을 만한 법한 상품 정보, 업계에 존재하는 모든 상품에 대한 지식을 가져야 한다.

고객이 세일즈맨에게 원하는 것은 상품 그 자체가 아닐지도 모른다. 상품의 기능을 얼마나 자신이 습득할 수 있고, 자신에게 필요한지를 간절히 원하는 것이다. 따라서 이때 세일즈맨이 꼭 해야 할 일은 고객의 욕구를 정확히 파악하는 것이다. 그리고 고객의 요구에 부응하는 상품을 소개하고 고객 맞춤 정보를 주어야 한다.

이때 명심할 점은 본인의 상품을 설명하는데 있어 상품별로 비교하여, 본인의 상품의 장점을 크게 부각시켜야 한다. 그러나 결코 타사 비교 상품의 단점이나 험담을 늘어놓아서는 안 된다. 라이벌 상품의 험담은 오히려 역효과를 초래할 뿐이다.

이것은 아주 간단한 일인 것 같지만, 풍부한 상품지식이 갖추어져 있어야 가능한 일이다. 스스로에게 상품지식의 점수를 매겨보라. 당신의 상품지식은 몇 점인가?

자신의 일과 관련된 모든 상품 정보를 공부하라. 고객이 어떤 상품을 물어본다 해도 답할 수 있어야 한다.

진한 여운을 남겨라!

Kind words can be short and easy to speak,
but their echoes are truly endless.

친절한 말은 짧고 하기 쉬우나
그 말의 메아리는 영원히 울려 퍼진다.
테레사 수녀

테레사 수녀의 말이다. 친절이 몸에 배어 있는 사람과의 만남은 항상 기분 좋다. 대부분의 세일즈맨들은 풍부한 상품지식과 뛰어난 화술을 지니기 위해 노력한다. 그러나 미소를 잃지 않은 자세로 고객의 사소한 질문까지 정성껏 답변을 해주고, 고객이 발길을 돌리는 순간부터 고객의 모습이 보이지 않는 순간까지 허리를 숙여 정중히 인사하는 세일즈맨은 많지 않다.

그런 세일즈맨이 근무하는 회사는 틀림없이 성장할 것이다. 그것은 그 세일즈맨의 자세를 이끌어낸 회사의 결과이기도 하기 때문이다.

고객에게 신뢰를 얻은 세일즈맨의 주변에는 고객이 항상 넘쳐난다. 그렇다면 그 사람은 다른 세일즈맨들과 무엇이 다를까? 많은 장점들이 있지만 그 중에서도 가장 중요한 것은 마지막까지 최선을 다하는 자세이다. 그 세일즈맨은 고객의 뒷모습에게까지 친절을 아끼지 않는다. 그리고 그런 세일즈맨의 모습을 다른 고객들이 직접 보게 되면, '나도 저런 대우를 받겠구나'라고 생각하게 되는 것이다. 아주 사소한 일이 모여 신뢰가 쌓인다.

대부분의 세일즈맨들은 상품 구매가 끝이 나면 소홀해지는 경향이 있다. 사람은 헤어질 때가 중요하다. 세일즈맨에게는 더더욱 그러하다.

당신은 고객들에게 어떤 여운을 남기는 세일즈맨인가를 생각해 보라. 깊은 여운을 남기면 남길수록 당신을 찾는 고객의 발길을 빨라진다.

 상처 받은 고객을 찾아 나서라!

누군가가 할 수 없는 일이라고 말한다면,
그것은 당신이 할 일을 보여주는 것이다.
존 케이지

세일즈맨에게 고객을 선택할 권리는 없다. 세일즈맨은 생각보다 자주 귀찮은 고객을 만나게 된다. 그러나 세일즈맨을 귀찮게 한다는 것은 다른 관점에서 보면, 당신의 상품에 관심이 많다는 얘기가 된다.

반드시 명심해야 한다. 당신의 상품에 만족감을 드러내는 고객보다 당신에게 많은 질문을 던지며, 당신을 긴장시키는 고객을 더 소중하게 생각해야 한다.

이유는 이렇다. 고객이 만족을 한다는 것은 상당히 고무적인 일일 것이나, 사실은 만족스러워하는 고객이야 말로 당신의 최대의 적이다. 만족을 하는 고객들은 세일즈맨을 괴롭히지도 않고, 고객 센터에 전화를 하지도 않는다. 즉, 자신의 상품에 어떤 단점을 지니고 있는지를 알려주지 않는다.

만족을 하는 착한 고객만을 만나면, 당신은 발전할 수 없다. 자칫 착각에 빠질 수 있다. 이제부터 자신의 제품에 만족하고 있는 고객을 찾아 나서기보다, 당신의 제품을 좋아하지 않는 고객들을 찾아 나서라. 그리고 그들의 말을 경청하라. 그들까지 만족시켜야 진짜 고객을 얻는 것이다.

당신이 지금 할 일은 경쟁사 제품에 지쳐, 만족할만한 상품을 찾아 헤매고 있는 고객을 찾는 것이다. 그들은 상당히 귀찮은 존재이기도 하지만, 진짜 고객으로의 모든 면모를 갖췄다.

매일 10명의 잠재 고객을 만나라!

철학자 프랜시스 베이컨의 말이다. 작은 이슬이 모여 바다를 이루듯, 세일즈맨의 성공 역시 한 명, 한 명의 고객 신뢰에서 시작된다.

그러나 당신을 찾아오는 고객, 자신이 알고 있는 고객들만을 만나서는 목표 이상의 실적을 올릴 수 없다. 성공한 세일즈맨들은 잠재 고객을 찾아나서는 것을 절대 두려워하지 않는다. 그리고 당신은 이미 수많은 잠재 고객들을 가지고 있다.

당신의 서랍 속에서 잠자고 있는 명함 속, 당신이 근무하는 빌딩 안, 당신이 자주 가는 단골 식당의 또 다른 손님들 등 무수한 잠재 고객들이 존재한다. 그러나 당신이 그들을 만나러 나서는 것을 두려워하는 것은 성공 가능성이 낮은 그들을 만나 당신의 소중한 시간을 허비하게 될 것 같기 때문이다. 실패를 이미 스스로 결정지었기 때문에 두려운 것이고 행동하지 못하는 것이다. 이것은 다르게 말해 스스로의 제품, 서비스에 대해 자신감이 없거나 지식이 부족한 것이라는 말이 되기도 한다.

그렇다면 이렇게 생각해 보자. 당신의 잠재 고객을 당신은 어떻게 도울 수 있을까? 당신이 제안하게 될 상품, 서비스를 그들이 만족해 할 것인가? 만족해하지 않는다면 어떤 점을 보완해야 할까? 다양한 질문을 만들어 그들과 대입시켜봐야 한다. 그리고 그들의 니즈를 분석해 분류한 자신만의 리스트를 만들어야 한다. 잠재 고객의 성향을 철저하게 파악하고, 그들에게 어떤 솔루션을 제안할 수 있는지 만을 연구해야 한다. 매일 10명의 잠재 고객을 만나는 습관을 들여라! 그리고 무조건 만나라!

대책을 제시하라!

Do not let what you cannot do interfere
with what you can do.

할 수 없는 일이 할 수 있는 일을
방해하게 하지 말라.
존 우든

과한 것을 요구하는 고객이 있을 수도 있다. 그것은 '할 수 없는 일'이다. 절대 '할 수 없는 일'이 당신이 가능한 '할 수 있는 일'을 방해하면 안 된다.

간혹 고객의 요구에 노력을 해보지도 않고 절대 불가능하다고 말하는 세일즈맨이 있다. 물론 과거의 경험을 통해 불가능하다는 것을 알고 있기 때문이기도 할 것이다. 그러나 이런 대답을 하는 세일즈맨은 절대 성공할 수 없다.

고객이 원하는 답은 이런 답이 아닐 것이다. 불가능이란 답변을 예상했다면, 고객은 절대 이런 물음을 하지 않았을 것이다. 당신이 고객에게 이런 요청을 받았다면 방법을 찾아봐야 한다. 그리고 당신의 노력을 고객에게 보여줘야 한다. 노력하는 모습을 고객에게 성심껏 보여준다면 고객도 이해하게 될 것이다. 즉, 당신이 할 수 없는 일이라도 고객에게 실망을 주지는 말란 말이다. 당신이 할 수 있는 일까지 의심 받을 수 있기 때문이다. 이러한 판단은 고객의 입장에서 생각하는 것에서 출발한다.

당신이 고객의 요청을 단번에 거절을 한다면 고객은 당신의 능력을 의심하게 된다. 거절보다 대책을 제시하라. 언제나 고객의 입장이 되어 최선의 방법을 생각해야 한다. 그것도 능력이다.

확신을 전하라!

친구를 얻는 유일한 방법은
내가 먼저 친구가 되는 것이다.
에머슨

기억에 나는 세일즈맨이 있다. 몇 년 전 자동차 매장을 찾았다. 공격적인 마케팅과 광고가 눈에 띄는 자동차 회사 매장이었다. 자동차들을 둘러보고 있는데, 젠틀해 보이는 세일즈맨이 다가왔다. 그는 내가 보고 있는 자동차를 가리키며 "안목이 있으시네요. 좋은 차를 보고 계시는군요" 하고 칭찬을 아끼지 않았다. 물론 좋은 차였다. 그러나 가격이 비싸다고 다른 곳을 둘러보고 싶다고 솔직히 말했다. 당신이라면, 이런 고객에게 어떤 답을 내놓겠는가? 그 세일즈맨은 이렇게 말했다.

"지금 당장 계약하지 않으면 이 차는 다른 손님에게 갈 것입니다. 저는 손님이 다른 곳을 둘러보는 사이에 팔 자신이 있습니다. 따라서 지금 사지 않으면 영원히 기회를 놓치게 됩니다."

어디에서도 들을 수 없었던 명쾌한 세일즈맨의 답변에 나는 아무런 대꾸도 할 수 없었다. 결국 그 자동차로 결정했다. 사실 예상 금액보다 많이 초과되는 금액이었지만, 망설이지 않게 되었다.

그 후 그 자동차는 업계 최고의 상품이 되었다. 어쩌면 당연한 일이다. 그렇게 확신에 찬 세일즈맨이 있다면 가능한 일이다. 자신의 상품에 확신이 찬 세일즈맨을 만나면 고객들은 망설이지 않게 된다.

고객과 친구가 될 수는 없지만 조언자는 될 수 있다. 고객에게 조언하고, 그들에게 확신을 심어줘라! 이런 차이가 세일즈의 명암을 가른다.

신뢰를 팔아라!

I have learned that success is to be measured
not so much by the position that one has
reached in life as by the obstacles which one
has overcome while trying to succeed.

성공은 현재의 지위가 아니라,
성공을 위해 노력하며 극복한 장애물에 의해서
평가된다는 것을 나는 알게 되었다.
워싱턴

미국의 흑인사회를 이끌어간 지도자였던 워싱턴의 말처럼, 성공은 성공을 만들어가기 위해 노력하며 극복한 장애물에 의해서 평가된다. 세일즈맨에게 있어 성공의 장애물이자, 과제는 바로 신뢰이다.

그렇기 때문에 고객을 속이거나 배반하는 세일즈맨은 도태되게 되는 것이다. 그렇지만 어떤 상황에서 고객을 위해 노력하고 신뢰를 쌓아가는 세일즈맨은 성공한다. 아주 간단한 이치다.

　당신이 고객에게 진정한 신뢰를 쌓았다면 고객은 언제, 어느 상황에 있든지 간에 당신의 말에 귀를 기울일 것이다. 그러나 당신에게 신뢰를 쌓지 못했다면 온갖 미사어구로 치장해 다가간다 해도 당신의 말을 들으려 하지 않을 것이다.

 고객과 상품이 대화하게 하라!

"

"

행동할 가치가 있는 일은
적어도 해 볼 가치가 있는 일이다.
스태넙

세일즈란 다른 말로 고객과의 커뮤니케이션 활동을 뜻한다. 고객과의 커뮤니케이션이 굳이 말을 통해서 나누는 대화일 필요는 없다. 고객의 생각, 느낌, 정보를 상품과 직접 나누게 하라.

이 말은 고객에게 편안함을 주는 상품 배치를 말하는 것이다. 그렇다고 자로 잰 듯 각을 맞춰 상품을 배치하라는 말이 아니다. 사람들이 즐겨 찾는 매장의 특징을 살펴보면, 언뜻 보기에 잡다한 인상을 준다.

　원리는 이렇다. 물건이 질서정연하게 진열되어 있다면, 보기에는 좋다. 그러나 전체가 하나로만 보일 뿐 하나하나의 상품이 잘 보이지 않는다는 말이다. 잘 정리되어 있는 진열대에서 상품을 빼내는 것은 고객에게 상당한 부담을 준다. 그래서 결국 팔리지 않게 되는 것이다.

　할인점을 가면 오늘의 추천 상품들이 잡다하게 쌓여 있다. 그것은 누구라도 마음 편하게 구경하고, 마음에 들지 않으면 툭 던져놓아도 된다는 뜻이다. 이렇게 고객은 상품과의 대화가 중요하다. 진열대의 상품이 아니더라도 상품 스스로 고객과 소통할 수 있는 기회를 만들어줘야 한다.

고객과 상품이 직접 대화할 수 있는 상품 진열을 고민하라. 고객은 상품과의 대화를 즐긴다.

계산된 동선을 짜라!

행동가처럼 생각하고,
생각하는 사람처럼 행동하라.
앙리 베르그송

프랑스의 철학자 앙리 베르그송의 말이다. 나는 개인적으로 이 말을 좋아한다.

세일즈맨과 고객의 거리는 어느 정도가 적당할까? 정답은 없다. 단지 만나게 되는 고객을 면밀하게 관찰해 답을 얻으려고 노력하는 것이 최선의 방법이다. 또한 생각과 행동에 있어 언제나 신중해야 한다.

나는 고객들의 심리 상태를 관찰하기 위해서, 백화점 매장을 자주 찾게 된다. 고객과 판매원의 행동을 관찰해 보는 것이 언젠가부터 생긴 습관이다.

고객이 구입하고 싶은 상품을 찾게 되면, 모든 고객들은 판매원을 찾는다. 그런데 판매원이 근처에 없게 되면, 10명 중의 8명의 고객은 구매를 포기한다. 순간 친절하지 않은 매장 판매원에 대한 불신과 이성적인 판단이 구매를 포기하게 만드는 것이다.

그러나 반대로 매장 입구에서부터 고객을 기다리고, 고객이 들어서자마자 뒤를 졸졸 따라다니는 매장 판매원 역시 상품에 대한 흥미를 떨어뜨리기는 마찬가지다. 판매원은 고객의 움직임을 눈으로 쫓으면서 본인이 필요한 시점을 포착해야 한다.

즉, 고객과의 거리는 너무 가깝지도, 너무 멀지도 않게 적당히 유지하라. 적당한 거리와 적절한 타이밍이 판매의 결정적 요소이다.

고객의 생각을 읽어라. 고객이 필요한 시점을 계산하고, 그들의 꿈이 당신의 상품을 통해 실현될 수 있도록 도와라!

 절대 미소를 잃지 마라!

Well done is better than well said.

말로 잘 하는 것보다
행동으로 잘 하는 것이 낫다.
벤자민 프랭클린

세일즈맨에게 미소는 양념과도 같은 것이다. 당신의 미소는 고객을 더 유쾌하고 즐겁게 만들 수 있다.

대형 영화관 CGV에는 '미소지기'라는 것이 있다. 미소지기란, 미소와 지기(친구)의 합성어로, 항상 밝은 미소로 고객에게 다가가는 친구 같은 존재라는 뜻이다. 서비스 업계에서 미소를 강조하는 것은 당연한 일이다. 그런데 이 미소지기들에게는 또 다른 공통점이 있다. 그것은 바로 미소지기인 여자 스텝들이 모두 빨간 립스틱을 바른다는 것이다. 아예 그것은 규정이다. CGV가 규정까지 만들어 스텝들에게 빨간 립스틱을 강조하는 이유는 무엇일까?

그것은 바로 고객과 커뮤니케이션을 하면서 미소를 지을 때의 효과를 높이기 위한 고도의 전략이다. 실제로 붉은 색이 갖는 주목성이 영화관의 어두운 공간에서 특히나 더 발휘가 되는 것이다. 즉 빨간 립스틱의 강렬한 색감에 고객들은 집중을 하고 자연스럽게 미소지기들이 하는 말에 집중이 되며, 그들의 미소가 더욱 친절해 보이는 이미지로 각인된다는 것이다.

미소란 고객에게 서비스를 제공해야 하는 세일즈맨들에게 굉장히 중요한 것이다. 그리고 당신의 미소가 고객에게 영향을 미칠 수 있도록 노력해야 한다.

세상에 없는
프로페셔널 접근법
끊임없이 진화하라!

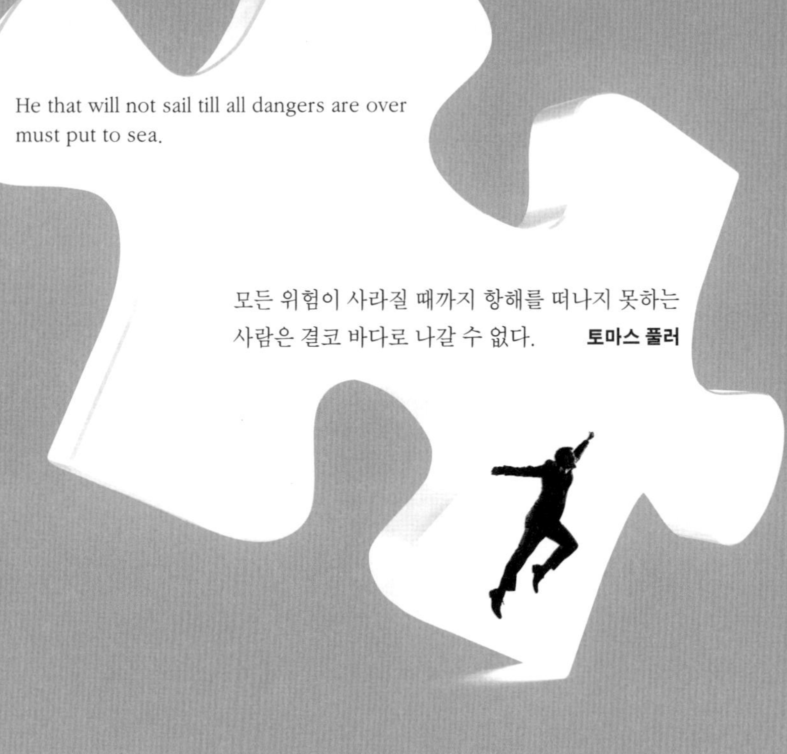
He that will not sail till all dangers are over
must put to sea.

모든 위험이 사라질 때까지 항해를 떠나지 못하는
사람은 결코 바다로 나갈 수 없다.　토마스 풀러

오리지널 명품이 돼라!

Our greatest glory consists
not in never falling,
but in rising every time we fall.

"

"

우리의 가장 빛나는 영광은
절대로 쓰러지지 않는 것이 아니라
쓰러질 때마다 다시 일어나는 것이다.
올리버 골드스미스

세계 경제가 붕괴되자, 모든 산업의 거품이 드러나게 되었다. 즉 트렌드를 쫓아 문어발식 투자 경영을 했던 기업들이 줄줄이 도산을 했다. 거대 자금만을 믿고 사업에 뛰어들었던 대기업들은 신규 사업에 실패, 철수하기에 바빴다. 어느 분야든지 오랜 시간을 한 분야에 투자한 업체들이 있기 마련이다. 그들은 한 분야에서 만큼은 어느 대기업에 지지 않을 만큼의 노하우가 있다.

우리가 사는 시대는 이제 더 이상 허영에 빠진 '된장녀'들을 원하지 않는다. 이제는 '간장녀'의 시대이다. '간장녀'란 소비를 간장처럼 짜게 하는 여성들을 일컫는 말이다. 즉 소비 형태가 실속을 중시하는 패턴으로 바뀌고 있다는 말이다. 간장녀들은 킬힐을 벗어던지고, 운동화를 신고 출퇴근을 하고, 자신보다 귀하게 여기던 명품백 대신 배낭을 집어 들었다. 이제 사람들은 무턱대고 명품만을 바라지 않는다. 기능성을 높이고, 가격 경쟁력까지 갖춘 상품들을 선호한다.

세일즈맨들은 시대의 냄새를 바로 알아채야 한다. 그 냄새를 제대로 맡지 못하면 당신은 '진짜'가 될 수 없다. 시대와 고객이 원하는 '진짜' 세일즈맨이 돼라! 지금 위기라고 생각되더라도, 실패했다고 생각해도 진짜가 되고 싶다면, 다시 일어서라! 위기 속에서 다시 일어서는 것도 진짜만이 할 수 있는 일이다.

진짜만이 살아남는 시대가 왔다.
살아남고자 한다면 당신도 '진짜' 세일즈를 하는 '진짜' 세일즈맨이 되어야 한다.

무조건 솔직해져라!

Dishonesty is forsaking the permanent
for temporary advantage.

정직하지 못한 것은 잠깐의 이익을 위해
지속적인 것들을 저버리는 행위이다.
보비

세일즈맨이 정직을 포기한다면, 그만큼의 생명력도 줄어들게 된다. 비즈니스는 반드시 고객이 있어야 가능하다. 고객을 기만하고 자신의 이익만을 취하고자 한다면, 당장은 그 허물을 감출 수 있을지 몰라도 언젠가는 발각되고 만다.

눈앞의 이익이 잘못된 것이라면 과감히 휴지통에 던져버려라! 물론 인간은 누구나 눈앞의 이익에 약하다.

TV 홈쇼핑에서 판매하는 베스트셀러 중에 휴롬 원액기가 있다. 오랜 기간을 많은 주부들에게 사랑 받고 있는 베스트셀러 상품이자, 스테디셀러 상품이다.

이 상품은 런칭부터 지금까지 고객들에게 약속을 하는 것이 있다. 바로 '무료체험'이다. 물론 홈쇼핑 상품들은 다양한 기간의 무료체험을 약속한다. 그럼에도 이 상품이 눈에 띄는 것은 한, 두 번 방송하고 사라지는 상품들과는 달리 오랜 기간 판매를 이어가고 있다는 것이다. 다양한 상품이 쏟아지는 홈쇼핑에서 오랜 기간을 한 가지 상품이 사랑을 받는 경우는 아주 드물다. 그것은 상품의 자신감이 없으면 불가능한 것이다.

그런데 만약 일주일을 써보고 결정하라는 '무료체험'의 말과는 달리, 막상 반품을 하려니 애를 먹인다면 어떨까? 다시는 이런 말에 속지 않을 것이다.

우리는 어떤 경우든 신뢰를 저버리는 행동을 해서는 안 되며, 스스로에게 당장의 이익을 안겨준다고 해서 고객을 저버리는 행동을 해서는 안 된다.

53

첫 고객을 절대 잊지 마라!

주는 것을 기억하지 않고
받은 것에 대해 잊지 않는 사람은 복될지니.
엘리자베스 비베스코

누구나 첫사랑은 기억한다. 그것은 풋풋하게 설레던 자신을 함께 기억할 수 있기 때문이다. 그렇다면 당신은 당신의 첫 번째 고객을 기억하는가? 만약 당신이 첫 번째 고객을 바로 기억하고, 그 고객과 아직도 인연을 맺고 있다면 당신은 훌륭한 세일즈맨이다.

첫 번째 고객을 기억한다는 것은, 자신의 출발점을 기억한다는 것이다. 당신의 출발은 어땠는가?

대부분의 세일즈맨은 일정이 빠듯해 피곤하다고 불평하고, 고객들에 대해 험담을 한다. 그러나 성공한 세일즈맨은 고객들로 인한 스트레스가 생길 때면 첫 고객을 떠올려보곤 한단다. 그 순간에 굳이 첫 고객을 떠올려보는 것은 초심을 되새기기 위함이다.

세일즈맨은 절대 오만해지거나 손님을 귀찮게 생각하면 안 된다. 첫 고객의 만날 때의 떨림, 기다림, 간절함을 잊지 않으려 노력해야 한다. 고객을 목이 빠져라 기다렸던 자신의 모습을 항상 기억하라. 또한 실수투성이였던 자신에게 손을 내밀어준 첫 고객의 고마움을 절대 잊어서는 안 된다.

현명한 세일즈를 하라!

인생은 흥미진진하다.
특히 남을 위해 살아갈 때 가장 흥미롭다.
헬렌 켈러

앞에서도 강조했듯이, 비즈니스는 절대 혼자서 할 수 없는 일이다. 주위의 협력을 통해 지금의 자신이 있는 것이다. 이 세상에서 독불장군처럼 혼자 일을 한다면 도태될 수밖에 없다.

존재가치가 검증되지 않았을 때, 절반의 존재였던 당신을 완성시켜 준 사람들을 기억해야 한다. 혹시 이미 당신은 그 사람들의 은혜를 잊고 있지는 않는가?

지금도 마찬가지겠지만, 그들의 협조가 없었다면 지금의 당신은 아무것도 이룰 수 없었을 것이다. 1차적인 목표에 도달했다면, 당신은 이제 그들에게 베풀며 살아가야 한다.

몇 년 전부터 한 후배 녀석이 1년에 한 번씩 감사 편지를 보내온다. 그 후배는 내가 첫 직장 상사였다고 했다. 그리고 늘 감사하고, 존경한다며 또박또박 적어 내려간 후배의 글을 읽고 나면 1년에 한 번은 꼭 후배를 만나게 된다. 그리고 많은 정보와 인맥을 서로 공유하게 된다. 그 후배는 나이는 어리지만 매우 현명한 세일즈를 하고 있는 것이다. 고마움을 항상 표현하라. 무엇보다 고객에 대한 감사를 잊지 마라! 고객이 있음으로써 당신이 있다는 사실을 늘 잊으면 안 된다.

당신은 고객에게 서비스를 제공하는 존재이다. 그것이 당신의 직업이며, 당신은 최선의 서비스를 베풀어야 할 프로이다.

55

비즈니스 봉사단을 만들어라!

어린왕자의 작가 생텍쥐페리의 말이다.

가치 있는 비즈니스를 하고 싶다면, 다른 이들을 위해 베풀 줄도 알아야 한다. 즉 자신이 받은 고객의 관심과 사랑의 일정 부분을 사회에 환원하는 방식이다. 그리고 그것을 이벤트로 만들어라.

이렇게 해 보자. 비즈니스 봉사단을 만들어 보는 것이다. 뜻이 맞는 동료나 고객들을 모아 봉사단을 꾸려 보자! 무엇보다 당신이 평소 어렵다고 생각하는 고객에게는 꼭 제안을 하라. 본인은 설령 참여하지 않더라도 당신을 남다른 세일즈맨이라고 생각할 것이다.

누군가에게 보이기 위한 봉사는 아니지만, 자신의 봉사를 감출 필요도 없다는 말이다. 특히 고객에게는 '당신이 나를 이렇게 도와주면, 나는 이렇게 베푼다' 식으로 보여주는 것도 중요하다.

그렇게 당신과 고객이 함께 소통할 수 있는 문화를 만들면, 고객과 친분을 쌓여 좋고, 당신은 책임감 있는 세일즈맨으로 부각이 될 것이니 일석이조의 효과 아니겠는가?

고객과 소통하는 것은 절대 어려운 것이 아니다. 함께 봉사할 수 있는 시간을 만들어, 봉사하라! 그러면 당신은 고객과 친구도 될 수 있다.

모든 채널을 동원해 제안하라!

He who labors diligently need not despair;
for all things are accomplished
by diligence and labor.

부지런하게 일하는 자는 절망할 일이 없다.
부지런히 노력하면
이루지 못할 게 없기 때문이다.
메난드로스

동서고금을 막론하고 훌륭한 세일즈맨이 되기 위해서는 '좋은 상품을 싸게 제공하는 것'이 중요하다.

좋은 상품을 파는 것은 세일즈맨의 사명이자 그 상품을 고객에게 널리 확산시키는 것은 세일즈맨의 미덕이다. 이제 고객을 앉아서 기다리는 시대는 갔다. 좋은 상품을 싸게 제공할 수 있는데 무엇을 망설이는가? 홍보가 가능한 모든 채널을 가동하라. 부지런하게 일하다보면 절망할 시간도 없다.

그렇다고 꼭 광고를 선택할 필요는 없다. 정보의 시대를 살고 있는 만큼, 일정 시간만 투자하면 얼마든지 무료로도 홍보가 가능하다. 블로그, 트위터, 페이스북 등 다양한 채널을 통해 상품 정보를 알리기 위해 노력하라! 한 번의 세일즈를 위해서는 연구에 연구를 거듭해야 한다. 도전과 실패는 후에 열 가지 이상의 성과로 나타난다.

세일즈란 도박이다. 그러나 그 도박이란 경험과 지신감, 지혜와 재능, 창의와 연구가 뒷받침된 숭고한 정신에서 시작된다. 그리고 세일즈맨이라면 이 도박에서는 반드시 이겨야 한다. 이 도박에서 진다면, 당신의 방법은 틀렸다.

상품의 가치를 알리기 위해 고군분투하라. 당신이 아무리 질 좋은 상품을 들고 있다 해도, 고객이 알아주지 않는다면, 소용이 없다. 당신이 쥐고 있는 상품을 알리기 위해 모든 것을 걸어라!

돈을 의식하지 마라!

Riches serve a wise man
but command a fool.

부(富)는 현명한 사람은 섬기지만
어리석은 자에게는 지시한다.
샤론

세일즈맨은 분명 경제적 이윤을 창출하기 위한 직업이다. 돈을 벌기 위해서는 성과가 좋아야 하고, 성과가 좋아지려면 돈을 의식하지 말아야 한다. 돈은 사람의 마음을 가리고, 돈이 목적이 되면 될수록 돈은 멀리 달아나게 마련이다.

돈의 집착으로부터 벗어나는 방법은 자신의 일에 대한 자부심을 갖는 것이다. 미시간대학의 심리학자 랜시스 리커트는 이렇게 말했다.

"직원들이 일을 잘하게 하려면 당근과 채찍이 아니라 유능한 일 꾼이라는 자부심을 심어주어야 한다."

물론 돈을 쫓는 것은 인간의 본성이다. 그러나 단순히 돈이 목적이 되면 앞에서 말했듯이 돈은 더 멀리 도망을 친다.

무엇보다 자부심은 돈으로도 살 수 없는 것이다. 자부심으로 무장한 세일즈맨은 고객에게 최고의 신뢰와 명성을 얻을 수 있다. 자부심은 세일즈맨에게 있어 영혼이며, 자부심이 없는 세일즈맨은 영혼이 없는 좀비 같은 존재일 뿐이다.

고객을 돈으로 보지 마라! 고객을 돈으로 보게 되는 순간, 당신은 돈의 노예이다.

서비스로 무장하라!

삶의 최종 목적은
지식이 아니라 실천에 있다.
헉슬리

한 가지 가정해 보자.

강남 한 복판에 가게가 하나 있다. 이 가게에서 살 수 있는 상품
은 장인이 만들어낸 고가의 하얀 고무신이다. 이 가게는 흥행할 수
있을까? 결과는 불 보듯 뻔하지 않은가. 젊은이들의 거리에 고가의
고무신이라! 이것은 아무리 뛰어난 상권을 자랑하는 상점이라도
경쟁력을 갖춘 제품을 갖추지 못한다면 고객에게 외면을 당한다

는 말이 된다.

그렇다면 우선 상권보다는 제품의 경쟁력이 필요하다는 반증이
다.

두 번째 가정, 명동 한 가운데 5천 원이면 무한정으로 먹을 수 있
는 분식 뷔페가 문을 열었다. 뛰어난 입지와 경쟁력 있는 상품을 갖
춘 것이다. 그러나 이 가게의 단점은 종업원이 단 두 명이다. 한 번
에 100명 이상을 수용할 수 있는 가게에 종업원이 두 명이다 보니,
서비스가 엉망이다. 이 가게 역시 실패를 면치 못할 것이다.

즉 최상의 입지와 상품을 골고루 갖추고 있다 해도 고객이 원하
는 서비스를 제공하지 못한다면 고객들의 외면은 당연한 것이다.

이것은 비단, 가게를 오픈하는 것만을 국한해서 말하는 것이 아
니다. 당신이 아무리 큰 기업을 다니고, 경쟁력 높은 상품을 가지고
고객을 만난다 해도, 당신 스스로 경쟁력을 갖추지 못한다면 당신
은 실패를 맛봐야 한다.

절대 착각하지 마라. 세일즈맨이 '팔아주는 것'이 아니라 고객이
'사주는 것'이다.

고객을 위해 헌신하라!

> Only a life lived for others
> is a life worthwhile.

오직 다른 사람을 위해서 산 인생만이
가치 있는 삶이다.
아인슈타인

아인슈타인도 높이 평가한 '다른 사람을 위해서 산 인생의 가치'. 당신은 누구를 위해 살고 있는가? 고객에게 인정받는 세일즈맨이 되고 싶다면, 새벽부터 늦은 밤까지 고객을 위해 헌신하라. 세일즈란 봉사 정신을 밑천으로 하지 않으면 불가능한 일이다.

어느 순간에도 자신의 이익보다 고객의 이익을 채워주기 위해 힘을 써야 한다. 단 한 번 만난 고객이라도 그들을 잊지 말고, 그들이 필요로 할 상품을 대입시켜, 그들에게 소개하라. 이 상품이 고객의 삶을 얼마나 풍족하게 할지를 알리면, 그들은 당신의 고객이 된다.

또한 당신의 세일즈맨이 고객의 인생을 가치 있게 채워주고, 국가의 경제에 힘을 보탠다고 여겨라! 당신이 그렇게 믿는 순간, 고객도 그렇게 믿게 되리라.

과감히 도전하라

일반적으로 성공하는 자는
기꺼이 과감하게 도전하는 자이다.
데일 카네기

세상에서 가장 무서운 것이 바로 고정관념이다. 고정관념은 누군가의 도전을 방해하고, 열정을 잃게 만든다.

대표적인 서민 음식으로 손꼽히는 라면. 지난해 '꼬꼬면'이 등장하기 전에는 라면에 다른 색깔의 국물이 쓰일 수 있다는 생각을 한 사람은 없었다. '한국인의 매운 맛'을 표방하는 최강 강자, 농심 '신라면'의 독주를 막을 라면이 등장하리란 생각도 어려웠다.

그렇지만 뽀얀 국물의 라면들은 해냈다. '신라면'의 독주를 막고, 소비자들에게 선택의 기쁨을 준 것이다. 그동안 라면 시장을 블루오션이라 점치는 사람은 많지 않았다. 그도 그럴 것이 대부분의 사람은 블루오션 창출이 중요하다는 사실을 알기는 해도, 더 이상의 블루오션은 없다고 생각한다. 그럼에도 치열한 라면 시장에서 블루오션이 창출된 것이다. 이것을 우리는 '혁신'이라 한다.

'혁신'이라 이름 붙여지는 것들은 경험이나 데이터에서만 산출할 수 없는 것이다. 미래를 만들어야 하는 당신이라면 과거의 자료에 얽매이지 말자. 당신의 미래를 만드는 것은 과거의 자료가 아니라, 당신의 끊임없는 열망에서 시작된다.

남과 다른
목표 설정법
일관성을 잃지 말고
집중하라!

There isn't a person anywhere that isn't
capable of doing more than he thinks he can.

사람은 누구나 자기가 할 수 있다고 믿는 것 이상의
것을 할 수 있다.
헨리 포드

People rarely succeed
“ unless they have fun in what they are doing. ”

자기가 하는 일을 즐겨야 성공한다.
데일 카네기

‘자신의 일을 즐겨야 성공한다’ 데일 카네기의 말이다. 그렇다. 남다른 목표의 1단계는 자기의 일을 즐기는 것이다.

두 가지 테스트를 해 보자.

First Test

1. 아침이 기다려지고, 출근하는 길의 발걸음이 가볍다.

2. 무슨 일이나 자신감이 넘치고 적극적이다.

3. 상사와 동료들과 관계가 원활하고, 그들이 좋다.

4. 일에 대한 아이디어가 무궁무진하다.

5. 일이 즐겁다.

6. 자신의 직업이 자랑스럽다.

7. 미래가 희망적이다.

Second Test

1. 출근하는 내내 발걸음이 무겁다.

2. 일하고자 하는 의욕이 없고, 자신감이 없다.

3. 상사나 동료가 꼴도 보기 싫다.

4. 직장 일이 짜증나고 불만스럽다.

5. 퇴근 시간만 기다려진다.

6. 자신의 직업이 불만투성이다.

7. 생계를 위해 마지못해 일한다.

문항의 성격을 보면 알겠지만, 첫 번째 테스트는 성공하는 사람들의 삶의 자세이며, 두 번째 테스트는 실패하는 사람들의 자세이다. 당신은 어느 쪽에 속하는가? 불가능을 모르는 '판매왕'에 도전해 보자. 회사의 단순한 심부름꾼이 될 것인가, 고객에게 불가능을 모르는 판매왕으로 인정받을 것인가는 오로지 본인 하기에 달렸다.

자신의 삶을 한 단계 도약하고 싶은가? 모든 사람의 찬사와 높은 수입을 얻고 싶은가? 그렇다면, 당신의 목표는 불가능이 없는 '판매왕'이다.

고객을 선택하지 마라!

" 성공은 당신에게 가지 않는다.
당신이 성공을 향해 가야 한다.
콜린스 "

세일즈맨도 사람이다. 그렇기 때문에 마음이 가는 고객과 피하고 싶은 고객이 있기 마련이다. 이 말은 마음이 가는 고객은 당신을 편안하게 해 주는, 반대는 당신을 귀찮게 하는 고객을 말하는 것이다.

이렇다보면, 자신을 귀찮게 하는 고객을 멀리하게 된다. 그런 고객과는 계약이 이루어지지 않는다. 당연한 결과가 아니겠는가? 옆에도 가지 않은 사람과 어떻게 계약을 성사시킨단 말인가?

대부분의 세일즈맨은 자신을 편안하게 맞아주는 고객들을 자주 찾게 된다. 계약 성사가 많이 이루어지기 때문이 아니다. 단지 자신을 편안하게 맞이해준다는 이유에서다. 이런 경우라면, 자신은 일을 했다고 여기겠지만, 그것은 시간낭비만 한 셈이다.

대부분의 세일즈맨과 달리 성공하는 1%의 세일즈맨은 고객을 특별히 분류하지도, 의식하지도 않는다. 의식한다는 것은 이미 패배했다는 것이다. 세일즈맨은 고객을 선택할 권리가 없다. 선택은 고객의 몫이다.

성공가도를 달리는 세일즈맨은 자신의 업무는 고객에게 제안하는 것이며 그것을 받아들이느냐 그렇지 않느냐는 고객이 결정하는 것이라는 사실을 잘 알고 있다. 따라서 어떤 성향을 만나도 열의를 가지고 대하고, 제안을 한다. 그러나 대부분의 세일즈맨은 까다로운 고객을 만나면 '내가 아무리 말을 해도, 이 고객은 계약을 하지 않을 거야'라고 단정해 버린다. 부정적인 생각은 부정적은 결과를 부른다. 당신이라면 어떤 세일즈맨을 만나고 싶겠는가?

■ 고객을 선택하지 마라!
■ 고객에게 긍정적인 마인드로 다가가면, 긍정의 답을 얻게 되리라.

목소리에 매력을 담아라!

시작은 일에서 가장 중요한 부분이다.
플라톤

99%의 세일즈맨과 1%의 세일즈맨의 차이가 극명하게 드러나는 것이 있다. 그것은 바로 고객과의 전화, 보이스 마케팅이다. 보이스 마케팅에 두각을 드러내는 세일즈맨은 고객과의 면담 약속을 잘 이끌어내고, 신상품 계약도 전화 한 통으로 처리하곤 한다. 그러나 반대의 세일즈맨은 한심한 생각이 들 정도의 말 주변으로 고객에게 외면을 당한다.

그렇다면 그 차이는 무엇일까? 물론 이런 능력은 선천적인 재능에 가깝다. 그러나 자신이 얼마만큼 고객을 파악하고, 얼마만큼의 임기응변을 준비하느냐에 따라 선천적인 재능을 앞지를 수도 있다.

쇼펜하우어는 이렇게 말했다.

"우리는 무엇을 가졌는지는 생각하지 않고, 무엇이 부족한지만 손꼽아보곤 한다." 쇼펜하우어의 말처럼 당신의 부족한 점을 꼽아보라. 그리고 멘토를 정해 일주일을 따라다니며, 말투와 행동을 복사하라. 인간 복사기가 되는 것이다.

어느 정도의 자신감이 생긴다면, 고객에게 전할 용건의 우선순위를 정리해 두고, 그 우선순위를 끊임없이 검증하고 수정하라.

세일즈맨에게 첫인상은 목숨이다. 보이스 마케팅은 첫인상이다. 실패를 한다면 당신은 그 고객을 다시는 만날 수 없다.

전화, 보이스 마케팅은 얼굴이 보이지 않는 만큼 최초의 5초 안에 모든 것이 결정된다. '5초의 승부'는 시간이 해결해 주지 않는다. 당신에게는 시간도, 당신을 기다려주는 고객도 없다.

30분씩 더 일하라!

> We first make our habits,
> and than our habits make us.
>
> 습관을 만드는 것은 우리지만,
> 후에는 습관이 우리를 만든다.
> **존 드라이튼**

대부분의 사람들은 이렇게 생각한다. '오늘 못하면 내일 하면 돼지. 오늘은 이쯤하자.'

오늘 할 수 있는 일을 내일로 절대 미뤄서는 안 된다. 미루는 것도 습관이 된다. 당신이 만드는 오늘의 습관은 당신의 내일을 결정한다.

세계 최대 인터넷 서점 아마존의 창업자 제프 베조스(Jeft Bezos)는 "당신은 자신의 재능을 어떻게 사용할 것인가? 여러분은 어떤 선택을 할 것인가? 관성이 여러분을 이끌도록 할 것인가, 아니면 열정을 따를 것인가? 쉬운 삶을 선택할 것인가? 도전의 삶을 선택할 것인가?"라고 물었다. 매번 강조하지만 세일즈의 성공과 실패는 오로지 당신의 선택의 몫이다.

1%의 세일즈맨은 오늘에서 '조금만 더'를 중요하게 생각한다. 그들은 '조금만 더'라는 생각으로 오늘의 마지막까지 힘을 쏟아 일에 몰두한다.

만약 당신이 남들보다 하루 30분을 일에 더 투자한다면 이는 엄청난 결과로 돌아온다. '조금만 더'와 '이쯤하자'의 결과는 엄청나다. 물론 선택은 당신의 몫이다. 그리고 주변을 둘러보라. 지금도 그런 생각으로 일을 하는 동료나 후배가 분명 있을 것이다.

가치를 품은 세일즈를 하라!

"

크게 실패할 용기가 있는 자만이
크게 이룰 수 있다.
케네디

"

어느 회사나 베스트셀러 상품이 있다면, 팔리지 않는 상품도 있기 마련이다. 누구나 베스트셀러 상품을 만들고 싶어 하지만, 세상에는 베스트셀러보다 그렇지 못한 상품이 더 많다.

게다가 우리는 '안 팔리는 시대'에 살고 있지 않는가? 세일즈맨이라면 누구나 부담스런 시대에 살고 있는 셈이다. 이제 소비자의 지갑을 열기 위해서는 남다른 전략이 필요하다.

우리가 명품이라 부르는 브랜드가 있다. 샤넬, 루이비통, 불가리, 에르메스, 구찌, 프라다, BMW, 벤츠 등 명품이라 불리며 사람의 사랑을 받는 브랜드들이다. 유서 깊은 역사를 자랑하는 이들 브랜드들이 소비자들의 곁에서 장수하는 비결은 뭘까?

그것은 브랜드에 담겨 있는 가치가 소비자들을 움직이기 때문이다. 샤넬 가방, 벤츠 자동차, 프라다 구두만 있으면 소비자 자신의 신분이 상승되는 것 같은 기분을 느끼기 때문이다.

실제로 베블런 효과라는 것이 있다. 미국학자 베블런(Veblen)이 자신의 저서를 통해 제시한 이론으로, 상류층 소비자들의 소비 형태를 가리키는 말이다. 즉, 사회적 지위를 과시하기 위해 가격이 오르는데도 수요가 줄어들지 않고, 오히려 증가하는 현상을 말한다. 실제로 명품 매출은 불황에도 급증한다.

자신의 세일즈에 가치를 담아내라. 그것이 안 팔리는 시대를 이겨낼 수 있는 1% 전략이다.

당신과 당신의 상품을 만나면 고객의 삶이 어떤 좋은 변화가 있을지를 구체적으로 제시하라. 그것이 가치의 시작이다.

실패를 즐겨라!

The successful man will profit
from his mistakes
and try again in a different way.

성공하는 사람은 실수로부터 배우고
다른 방법으로 재도전한다.
데일 카네기

데일 카네기가 입버릇처럼 한 말이다. 성공하는 사람들이 처음부터 성공을 한 것은 아니다. 그들에게도 혹독한 실패는 있었다. 단지 그들은 실패를 두려워하지 않고, 실패 속에서도 답을 찾은 것이다.

2010년 영국 BBC에서 발표한 '지난 1,000년간 가장 위대한 탐험가 10인' 중에는 유일하게 탐험에 실패한 인물이 포함되어 있었다. 어니스트 섀클턴(Ernest Henry Shackleton), 세상은 언제나 성공한 사람만을 기억함에도 그는 성공보다 더 값진 '위대한 실패'를 가르쳐준 인물이었다.

1914년, 섀클턴 경은 남극 탐험을 위해 28명의 대원을 이끌고 남극 대륙 횡단에 도전한다. 그러나 목표를 얼마 안 남기고 난파당하고 만다. 일순간에 남극 횡단에서 대원들의 무사생환으로 목표를 바꾼 섀클턴. 634일 만에 그는 단 한 명의 대원도 잃지 않고 항해를 마칠 수 있었다. 그것은 그의 세 번째 도전이었다. 사람들은 이 세 번째 탐험을 '위대한 실패', 혹은 '위대한 항해'라 부른다. 물론 그의 남극 탐험은 실패했다.

여기서 분명한 것은 우리는 그의 정신을 배워야 한다는 것이다. 당신 역시 실패를 할 수 있다. 그렇지만 실패를 했다고 해서 포기하지 마라. 실패 속에 성공의 답이 있다.

가장 두려운 일부터 하라!

세일즈맨에게 가장 큰 스트레스는 무엇일까? 100명의 세일즈맨은 이구동성으로 '고객과 약속을 잡는 일'이라고 답했다. 그렇다. 고객과 만날 약속을 하면 절반은 성공한 것이나 마찬가지이다. 설령 계약으로 이어지지 않는다 하더라도 고객과의 만남이 주는 묘한 만족감이 있다. 세일즈맨은 고객을 만나지 못하면 애당초 일이 시작되지 않는다. 고객과의 약속이 없고, 항상 책상 앞을 지킨다

면, 당신은 곧 무능한 세일즈맨이라 낙인찍힐 것이다.

그러나 세일즈맨과 마찬가지로 고객 입장에서도 세일즈맨을 만나는 것은 스트레스다. 자신을 만나러 오는 이유를 명확하게 알기 때문이다. 어찌 보면 고객이 세일즈맨과의 약속을 피하는 이유는 명확하다. 팔고자 하는 사람은 있으나, 사고자 하는 사람은 없는 것이다.

그렇기 때문에 현명한 세일즈맨은 고객을 안심시키기 위해 여러 가지 연구를 하고 방법을 찾는다. 그중 좋은 방법이 아는 사람의 소개를 이용하는 것이다.

한 번은 보험설계사가 찾아왔다. 친분이 깊은 업체 사장님의 부탁으로 만나게 되었다. 아무래도 일적으로 얽힌 사람의 부탁이라, 처음부터 피할 수만은 없는 노릇이었다. 나를 찾아온 보험설계사 역시 국내에서 손꼽히는 판매왕이라고 했다. 그런데 만나면 만날수록 신뢰가 생기는 세일즈맨이었다. 역시 VIP는 VIP끼리 통하는 법인 듯 했다.

이 말은 자신의 고객 중에 VIP 고객을 공략하라는 말이다. 물론 누구나 VIP 관리는 신중을 기하겠지만, 그들에게 소개를 받을 수 있을 정도로 공을 들여야 한다.

고객만을 위한 세일즈를 하라!

" There is always a better way.

더 좋은 방법은 언제나 존재한다.
에디슨 "

불가능한 것은 어디까지나 불가능하다. 그러나 고객에게 단번에 불가능을 이야기하는 것은 현명하지 못한 행동이다. 어떤 불가능한 요구를 한다 해도, 단 번에 거절을 하지 말고, 노력의 의사를 밝히고, 무엇 때문에 불가능한지를 고객에게 자세히 설명해야 한다.

당신이 단번에 고객의 요구를 거절한다면, 고객은 100%로 '해

보지 않으면 가능한지 불가능한지 알 수 없지 않는가?'라고 생각한다.

매달 주기적으로 취재부 워크숍을 다녀온다. 항상 같은 장소를 대여한다. 그런데 한번은 일정 관계로 워크숍을 취소해야 했다. 담당자에게 전화를 걸어, 취소 의사를 밝혔다. 그런데 담당자가 단 번에 '기간이 얼마 남지 않아 취소는 불가능합니다'라며, 취소 수수료를 언급하는 것이 아닌가? 물론 그것이 그들의 규정이었다. 모르는 바는 아니다. 그러나 납득은 되지 않았다. 다시는 그곳으로 워크숍을 가지 않겠다고 생각을 하며, 전화를 끊었다. 몇 분 후, 다시 전화가 왔다. 규정이기 때문에 취소 수수료는 어쩔 수 없지만 오랫동안 이용을 한 고객의 예우차원에서 다음 달 객실 이용료에서 이번 비용을 공제하도록 상사에게 의논해 보겠다는 답변이었다. 가슴을 턱 막고 있던 화가 내려가는 기분이었다.

정말 고객을 화나게 만드는 것은 규정과 절차만 들이대는 세일즈맨의 태도이다. 즉 현명한 세일즈맨에게는 거절에도 노하우가 숨어 있다. 틀에 박힌 거절 방법은 오히려 고객들의 화를 부른다.

거절 방법을 연구하라. 거절을 잘 하는 것도 유능한 세일즈맨의 덕목이다.

세상의 모든 정보를 찾아 읽어라!

> You will never find time for anything.
> If you want time, you must make it.
>
> 뭔가를 할 시간은 찾는 것이 아니라
> 만드는 것이다.
>
> **찰스 벅스턴**

세일즈맨에게 가장 중요한 일은 바로 고객과의 대화이다. 당신이 주로 선택하는 대화의 주제는 무엇인가? 날씨, 스포츠? 식상한 주제들로 고객을 지치게 하고 있지는 않는가?

유능한 세일즈맨이라면 상품을 통해 고객과 대화를 해야 한다. 그것이 고객에게 가장 중요하고, 고객이 가장 원하는 대화이다.

그러려면 고객이 읽을 법한 신문, 잡지, 책은 반드시 읽어야 한다.

그것은 고객의 생각, 소비 형태를 파악할 수 있는 간단한 방법 중에 하나다. 특히 광고는 꼼꼼히 챙겨봐라! 라이벌 기업이나 거래처의 신상품이 가장 먼저 발표되는 장소가 바로 광고이기 때문이다.

"몇 일자 신문에 실린 상품 정보를 자세히 알고 싶습니다."

갑자기 이런 고객의 전화를 받게 될 지도 모른다. 만약 당신이 그 상품이 무엇인지도 모른 채 대답을 주저한다면, 그것만큼 수치스러운 기억도 없을 것이다. 당연히 신상품 정보는 고객보다 먼저 알고 있어야 한다. 세상에서 가장 한심하다고 생각되는 게, 상품 지식이 없는 세일즈맨을 만났을 때다. 신문, 잡지를 통해 공부를 잊지 말자!

■ 신문과 친하게 지내라.
■ 세상을 보는 안목과 업계 전반의 소식을 발 빠르게 알려줄 것이다.

70

고객의 아이에게 행복을 선물하라!

세일즈맨이 당황할 때가 있다. 아이들과 함께 약속 장소에 나온 고객을 만나는 일이다. 당연히 어린아이들은 한 자리에 가만히 앉아 있지도 못하고, 상담의 분위기를 흩뜨려 놓는다. 이런 까닭에 어린아이는 영업에 방해가 된다 생각하여 아이를 데려오는 고객을 싫어하는 세일즈맨이 많다. 자신의 생각대로 상담이 진행되지 않기 때문이다. 그러나 이것은 본질을 모르는 사고방식이다. 세일즈

에서 가장 어려운 것이 바로 1대 1의 만남이다. 1대 1로 만나면 고객도 긴장한 나머지 계약을 꺼리게 마련이다. 그러나 다른 사람이 끼게 되면 다른 사람이 쿠션 역할을 하여 이야기에 활기가 돌고 원만히 진행되는 일도 적지 않다.

이제부터 아이를 귀찮게 여기지 말고, 고객의 아이 마음을 잡아라! 실제로 자동차 세일즈 중에 "아빠 이 차 타고, 놀이공원에 가요! 네?"라는 아이의 한 마디로 구입을 결정하는 고객도 있다. 유능한 세일즈맨은 어린아이를 자기편으로 만드는 데 능숙하다. 그리고 그 상품을 구입했을 때 가족들이 얼마나 행복한 삶을 누릴 수 있을지, 상상력을 총동원해서 설명한다. 그 행복의 주역은 고객의 아이다. 고객의 아이를 자신의 편으로 만들면 고객을 납득시키는 것은 간단한 일이다.

고객의 아이를 반갑게 맞이하라! 아이들의 마음을 잡을 수 있다면, 당신은 램프의 요정을 얻는 셈이다.

Success Code
08
실행력을 키워주는
매뉴얼 만드는 법
이룰 수 없는 꿈을 꿔라!
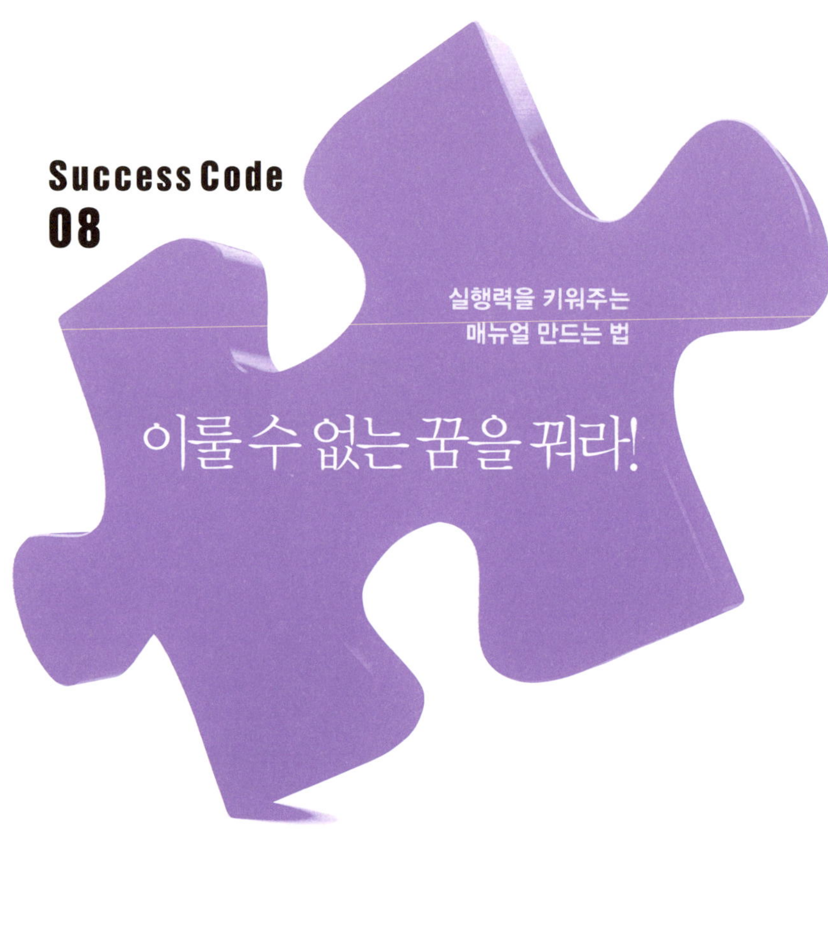

You are never given a dream without also
being given the power to make it true.
You may have to work for it, however.

꿈은 반드시 그것을 실현할 수 있는 힘과 같이 주어진다.
그러나 이루기 위해서는 노력해야 한다.

리처드 바크

71

불가능을 가능케 하라!

진정한 천재란 특출난 일을 해내는 것이 아니라
평범한 일을 특출나게 잘 해내는 사람이다.
윌슨

세일즈맨에게는 쉬운 일과 어려운 일의 구분이 없다. 간혹 후배 중에 '간단한 일보다 중요한 일을 주십시오!' 요청하는 친구들이 있다. 그러나 그런 말을 하는 사람에게는 중요한 일을 맡길 수 없다.

어느 분야에서든 '가능한 일'과 '불가능한 일', 그리고 '아직 경험해 보지 못한 일' 만이 존재할 뿐이다. 후배가 말한 간단한 일이란, 아마도 '가능한 일'의 범주 안에 있는 일이리라. 그러나 가능한 일이라고, 소홀히 하고, 방심했다간 뜻밖의 난관에 부딪히게 될지도 모른다. 우리는 이제 가능한 일을 하되, 가능함에서 머물지 않고, 무궁한 가능성으로 일궈내는 일로 해내야 한다. 그것이야말로 다른 사람에게 자신을 검증 받을 수 있는 기회다. 그렇게 하면 당신이 굳이 요청하지 않아도 '중요해 보이는 일'을 맡게 된다.

중요한 일이란, 이제 당신이 불가능에 도전하는 단계다. 그럼으로 당신이 중요한 일이라 칭하는 일일수록 과감하고 대담무쌍하게 도전해야 한다. 프로젝트가 크면 클수록 대담하고 세심하게 대처하지 않으면 성공하기 힘들다. 대담하게 행동한다는 것은 중요한 일이다. 그러나 사소한 일을 멋지게 처리하는 것은 더욱 중요한 일이다. 어느 하나가 부족해서는 세일즈는 불가능으로 끝이 난다.

다른 사람으로부터 인정받고 싶다면, 당신이 직접 증명하라! '진정한 천재란 특출난 일을 해내는 것이 아니라 평범한 일을 특출나게 잘 해내는 사람이다'라는 말을 꼭 기억하라!

72 행운을 절대 놓치지 마라!

I'm a great believer in luck,
and I find the harder I work,
the more I have of it.

나는 행운을 굳게 믿는다.
그리고 일을 열심히 하면 할수록
행운을 더 많이 얻을 수 있다는 것도 안다.
토마스 제퍼슨

세일즈맨에게도 한계는 존재한다. 제안까지는 세일즈맨의 몫이지만, 선택은 고객의 몫이다. 즉 최선을 다한 다음 결과는 말 그대로 기다려야 한다.

억울하기도 하지만, 성공에는 행운도 필요하다. 그러나 행운이라는 것을 누구나 쉽게 가질 수는 없다. 행운은 이런 사람에게 다가간다.

행운이 다가갈 기회를 많이 만드는, 끊임없이 노력하는 사람. 행운이 다가갔을 때, 당장 자신의 것으로 만들 수 있는 재능과 실력이 있는 사람. 자신의 운명까지 바꿀 수 있는 불굴의 패기를 가진 사람. 이렇게 세 가지를 조건을 가진 사람만이 행운의 여신을 자신의 편으로 만들 수 있다. 그러나 이 세 가지 요건을 갖췄다고 해도, 행운을 묵묵히 기다릴 인내력이 없다면 행운을 가질 수 없다.

오늘이 마지막이라도 되는 것처럼 보내는 사람에게는 행운이 빨리 찾아온다. 반대로 노력을 게을리 하거나 무턱대고 요행만 바라는 사람에겐 행운이 다가오지 않는다.

기회는 '단 한 번뿐'이라는 생각으로 일해야 한다. '기회는 다음에도 또 있을거야'라고 큰소리만 친다면 다시 행운이 온다고 해도 행운을 잡지 못하게 된다.

■ 행운을 자기편으로 만들지 못하는 세일즈맨은 이미 패배한 것이나 마찬가지이다.
■ 행운은 열심히 일하는 자의 몫이기 때문이다.

73

틀을 깨는 매뉴얼을 만들어라

규칙은 깨기 위해 있는 것이다.
Anonymous

유능한 세일즈맨에게 서비스란, 고객이 만족하는 것을 뛰어넘어 언제나 고객의 삶에 유익한 상품과 서비스를 준비해 두는 것이다. 유능하지 못한 세일즈맨에게 서비스란, 고객이 불만이 갖지 않도록 하는 정도에서 마무리 된다. 이 둘의 차이는 명확하다. 당신의 서비스는 둘 중에 어느 쪽인가?

여기서 중요한 것은 고객이 기뻐할 만한 상품과 서비스를 미리 준비하는 자세에 있다. 이런 자세를 갖는다는 것은 항상 고객을 먼저 생각하고, 상품 연구를 게을리 하지 않는다는 것이다. 또한 회사의 매뉴얼이나, 기존의 매뉴얼대로만 움직이면 안 된다. 규칙은 깨기 위해 있는 것이다. 다른 사람들이 가지 않는 길을 선택하는 것도 좋다. 즉, 자신만의 매뉴얼을 만들어야 한다.

현장 경험이 노련한 세일즈맨이 들려준 이야기다. 한번은 고객이 약속을 한 시간만 미룰 수 없냐고 연락이 왔단다. 이미 세 번이나 약속을 미뤘던 참이었다. 그는 안 되겠다 싶어 '제가 그 다음 시간에는 다른 고객과 미팅이 있어서 말입니다. 다음 기회에 뵙도록 하겠습니다'며 약속을 취소하려 했다. 그런데 고객이 다급한 목소리로 '아닙니다. 그 약속 시간에 뵙도록 하죠'라고 요청을 했단다.

그렇다. 매번 고객의 상황에 자신의 모든 것을 맞추려고만 애쓰지 마라. 가치는 스스로 높여야 한다. 자신이 스스로의 가치를 높이 매기는 순간, 고객도 당신을 높이 보게 된다. 물론 만반의 준비가 된 상태에서만 가능한 일이다. 이런 일련의 과정을 몸으로 익히면서 자신만의 매뉴얼을 완성해 가는 것이다.

적을 만들지 마라!

People don't care how much you know,
until they know how much you care.

얼마나 많이 아는가보다는
얼마나 남을 배려하는가가 중요하다.
Anonymous

함께 일을 해 나가는 파트너를 한심하다 생각해 본 적이 있는가? '우리 회사에는 왜 인재가 없을까'라는 생각에 시간을 낭비해 본 적은 없는가? 그렇지만 실제로 그렇게 생각하는 당신 스스로가 한심한 사원이거나, 인재가 아닐 가능성이 더 높다. 사람은 자신의 기준에 비례해서 사람들을 판단하게 되기 때문이다.

절대 함께 일을 하는 동료, 후배를 함부로 대하지 마라! 그들도 당신의 잠재 고객 중에 하나다. 최대한 그들에게 장점을 배우고, 그들이 부족한 점이 있으면 채워주려 노력해야 한다. 동료나 후배와의 관계, 즉 조직 사회 속에서 인간관계를 얼마나 좋게 형성하느냐의 따라서 세일즈맨은 고객의 신뢰도 비례해서 얻게 된다. 옛말에 '안에서 새는 바가지는 밖에서도 샌다'라는 말처럼 원만한 인간관계를 이루지 못하는 사람이 고객과는 원만한 관계를 형성할 수 있겠는가 말이다.

자신의 동료, 후배가 닮고 싶은, 친하고 싶은 동료가 되도록 노력하라. 그들이 그렇게 생각한다면, 고객 역시 당신을 그렇게 생각할 가능성이 높다.

자신에게 적이 단 한 명이라도 있다면, 그 적과 화해를 시도해라. 세일즈맨에게 한 명의 적이란, 100명의 적과 맞먹는다.

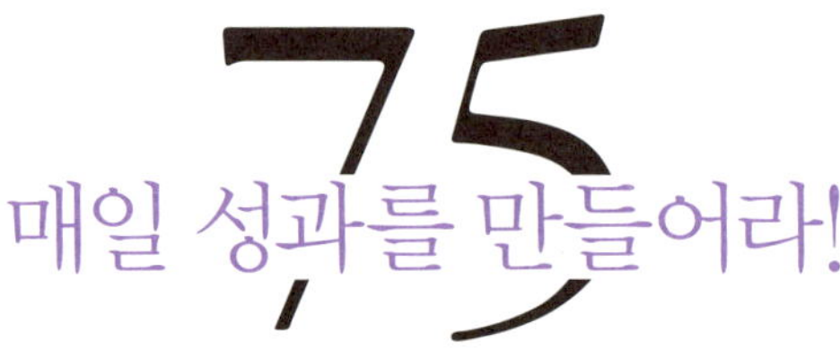

매일 성과를 만들어라!

반드시 성공한다는 각오로 임하라.
도로시 브랜드

세일즈맨에게 성공이란 구체적인 매출이나 이익을 뜻한다. 세일 즈라는 것은 결과로 혹독하게 평가받는 세계이다.

따라서 최선을 다했다고 해서, 죽을힘을 다했다고 해도 결과가 좋지 않으면 도태될 수밖에 없다. '저 사람보다 내가 더 노력했다'라 고 아무리 소리쳐 봤자 결과로, 실적으로 보여주지 않으면, 당신은 거짓말쟁이가 된다. 실적이란 곧 당신의 하루, 한 주, 한 달을 어떻게 보냈느냐에 대한 성적표나 다름이 없다.

　대부분의 세일즈맨들은 소주잔을 기울이며 '우리는 할 만큼 했다. 그러니까 됐다'라고 서로를 위로해 보지만, 그것은 패배자들의 독주일 뿐이다.

　진짜로 죽을힘을 다해 일했다면, 결과는 좋아야 한다. 그러므로 당신은 거짓말쟁이가 맞다. 세일즈는 뿌린 대로 거두게 되어 있다. 씨를 뿌리지 않은 밭에선 과실을 얻을 수 없듯, 최선을 다하지도 않으면 실적을 얻을 수 없다.

　만약 아직도 열심히 일을 했음에도, 실적이 좋지 않다고 생각한다면 이유는 간단하다. 당신의 방법은 틀렸다. 상사에게, 고객에게 인정받는 동료들을 관찰해 보라. 분명 당신과 다른 노하우가 있을 것이다.

매일 결과물을 체크하라! 오늘의 성과가 나쁘다면, 내일 오늘의 성과까지 채워야 한다.

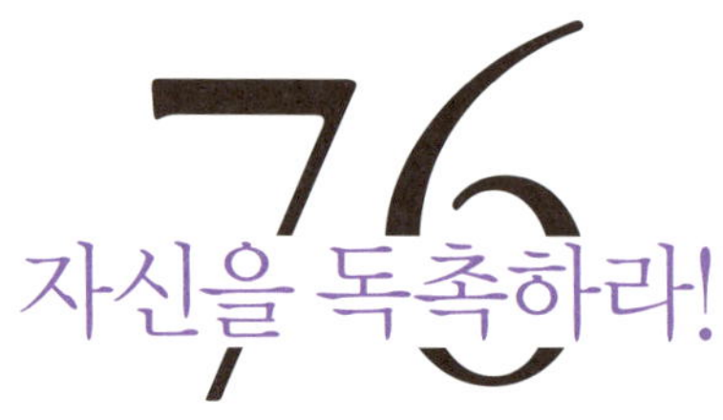

자신을 독촉하라!

The future depends on
what we do in the present.

미래는 현재 우리가
무엇을 하고 있는가에 달려 있다.
간디

전 세계가 불경기로 몸살을 앓고 있다. 500가구 정도 되는 한 아파트 단지에도 불경기의 그림자는 드리웠다. 천정부지로 오르는 관리비로 주민들의 반발이 높아지자, 아파트 관리소장은 경비원과 아파트 청소부의 감원을 결정했다. 그러자 아파트 주민들이 반발하고 나섰다. 자신의 집처럼 살뜰하고 성실하게 일을 했던 경비원과 청소부를 자를 수는 없다는 것이었다. 이것은 주민 자신이 평소 경비원, 청소부의 근무태도에 만족했기 때문이다. 그 후 주민들은 아파트 관리비의 부담을 줄이기 위해 빈병과 헌옷을 모아 팔고, 바자회 개최를 지속적으로 하는 등의 노력을 하기 시작했다. 또한 경비원과 청소부들은 더욱 열심히 아파트를 가꾸는데 매진해, 시에서 주최하는 '살고 싶은 아파트 단지'로 선정이 되었다.

세일즈맨은 책상 앞에서 근무하는 일이 아닌 만큼 자유로운 직업이다. 그렇기에 본인 스스로에게 더욱 철저해야 한다. 누군가 지켜보지 않는다고 해서 그 시간을 헛되이 썼다가는 큰 화를 자초할 수 있다. 업무 시간에는 자신의 시간을, 자신을 위해 쓰지 마라! 그 시간을 고객을 위해서만 써라! 고객은 항상 당신을 지켜보고 있다.

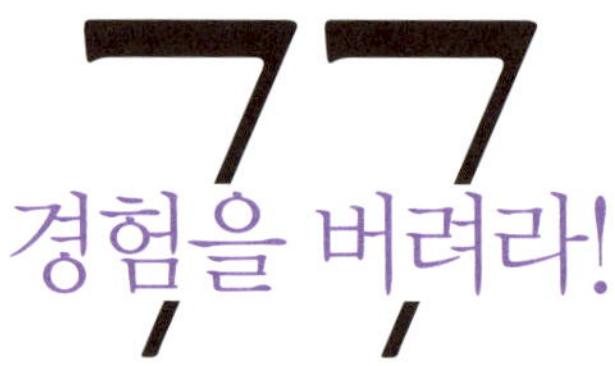

경험을 버려라!

Good judgement comes from experience,
and experience comes from bad judgement.

홀륭한 판단력은 경험에서 비롯되고,
경험은 그릇된 판단에서 얻어진다.
Anonymous

정년퇴직을 앞둔 세일즈맨과 갓 입사한 세일즈맨의 차이는 경험이다. 어느 정도의 경험은 약이 되지만, 너무 많은 경험은 독이 되기도 한다. 일을 배워나가며 감동과 놀라움으로 가득한 새내기 세일즈맨과 오랜 경험이 쌓여 하루 일과 속에서 감동을 찾을 수 없는 세일즈맨. 당신은 어떤 세일즈맨에 속하는가? 그리고 당신이 고객이라면 어떤 세일즈맨을 선택하겠는가?

두 개의 옷 가게가 나란히 붙어 있다. 첫 번째 가게는 오픈을 한 지 한 달이 채 되지 않은 가게고 두 번째 가게는 5년이 넘게 장사를 하고 있는 가게다.

한 달이 채 되지 않은 가게는 드라마 속 000의 원피스, 걸그룹 000의 핫팬츠를 구비해 두며 소비자 마음잡기에 총력을 기울였고, 5년의 노하우를 가진 가게는 지난 세월의 경험을 앞세워, 여름에는 시원한 옷, 겨울에는 따뜻함을 주는 옷 식으로 옷을 배치해 두었다. 결과는 한 달도 채 되지 않는 가게의 승리였다. 경험은 분명 중요하다. 그렇지만 경험이 타성으로 굳게 되면, 그 경험은 쓰레기에 불과하다.

세일즈맨에게도 마찬가지다. 오랜 기간을 연마한 경험도 중요하지만, 그 경험이 시대적 트렌드를 따라가지 못한다면 당신은 패배하게 될 것이다.

경험은 오래 묵히면 묵힐수록 맛을 내는 된장이 아니다. 경험이 자신의 인생을 갉아먹을 수 있는 곰팡이가 될 수 있다는 사실을 명심하라.

78
파트너와 함께 성장하라!

사람에게는 그 어떤 것도 가르칠 수 없다.
단지 자신의 내면에 있는 것을 발견하도록
도와줄 수 있을 뿐이다.
갈릴레오

유능한 세일즈맨 옆에는 항상 유능한 파트너가 있다. '혼자 가면 빨리 가지만 함께 가면 멀리 간다'는 말처럼 세일즈에도 조력자가 필요하다. 셜록 홈즈에게 왓슨 박사가 있는 것처럼.

세일즈의 성패는 파트너와의 호흡도 포함된다. 그 파트너는 동료나 후배, 혹은 팀원 등 당신과 함께 일을 해내가는 모든 사람이 해당된다. 당신은 당신의 파트너에게 어떤 파트너인가?

취재 현장에서 만난 대기업의 팀장 중 한 명은 작은 부분까지 세세하게 챙겨 주며 팀원들의 모든 것을 체크하는 스타일이었다. 지난 해, 그 팀은 하나로 똘똘 뭉쳐, 그 해 최강의 팀으로 거듭났다. 그런데 이상한 일이 벌어졌다. 올해로 들어서면서 실적이 전혀 올라가지 않았다. 충격에 빠진 팀장은 고민에 빠졌다. 해결점을 찾으려 팀원들을 불러 이유를 물었다.

팀원들은 하나 같이 "우리는 팀장님의 기계가 아닙니다. 우리 나름대로 영업을 해보고 싶습니다"라고 답했다.

인간이 가장 괴로운 순간은 자신의 능력 여하에 상관없이 기계처럼 움직이는 순간이다. 그런데 하나부터 열까지 가르쳐 주어서는 일의 능률과 의욕이 생기지 않는다. 이래서는 모처럼 가지고 있던 패기마저 시들어 버리고 어느 사이엔가 지시만 기다리는 꼭두각시가 될 뿐이다.

79

즐기지만 말고, 일에 미쳐라!

Work like you don't need the money,
love like you've never been hurt,
"and dance like you do when nobody's watching."

돈 따위는 필요 없는 듯이 일하고,
상처받은 적이 없는 사람처럼 사랑하고,
아무도 보고 있지 않을 때처럼 춤춰라.
Anonymous

1960년부터 20년간 미국 스롤리 블로트닉 연구소에서 미국 아이비리그 대학 1,500명의 졸업생을 대상으로 '부를 축적하는 방법'에 대해 연구했다.

1,500명 중 1,245명(83%)은 안정적인 근무환경과 고액 연봉의 직장을 선택했고, 나머지 255명(17%)는 자신이 좋아하는 일을 선택했다. 20년 후, 그들은 어떤 삶을 살고 있었을까? 조사대상 1,500

명 중 101명이 백만장자가 되었다. 놀라운 사실은 1명을 제외하곤, 100명 모두 자신이 좋아하는 일을 선택한 그룹이었다.

24시간, 365일을 다른 사람을 위해 뛰어다녀야 하는 직업이 세일즈맨이다. 이것은 진심으로 좋아하지 않으면 할 수 없는 일이다. 어떤 일이든지 좋아서 하지 않으면 몰입할 수 없다. 따라서 자신의 일을 좋아하도록 만드는 것이 최선의 노하우이다.

일과 함께 성장하라. '아는 것은 좋아하는 것만 못하고, 좋아하는 것은 즐기는 것만 못하다'는 말처럼. 일을 좋아하고, 즐기고, 나아가 미쳐라!

'하고 싶은 일'로 자신의 일을 만들라! 일을 즐길 수 있을 때, 당신은 이미 이겼다.

꿈의 서비스를 하라!

In order to succeed,
we must first believe that we can.

성공하기 위해서는
할 수 있다는 확신을 가져야 한다.
마이클 코다

미국 사이먼 & 슈스터(Simon & Schuster)의 편집장, 베스트셀러 작가 마이클 코다의 말이다. 확신만 있다면 전설이 되는 것은 어렵지 않다. 또한 분야에서 전설이 된다는 것만큼 성공을 보장하는 일도 없다.

세계적인 호텔, 리츠칼튼의 서비스가 그렇다. 고객이 호텔 입구로 들어서자마자 그들의 서비스는 시작된다. 프론트 직원은 기본이고, 매니저, 주차장 등 호텔 곳곳에서 만나는 모든 직원들이 고객의 이름을 부르며 고객을 환대한다. 고객의 입장에서는 모든 직원의 열렬한 환영에 VIP라도 된 듯, 자신을 특별한 존재로 여기게 될 것이다. 리츠칼튼은 고객에게 특별한 서비스를 제공하는 사례가 많다. 결혼식에 늦은 신부에게 비행기를 확보해 늦지 않게 결혼식 장소에 도착하게 하고, 몸이 불편해 휠체어를 탄 고객이 일몰을 볼 수 있도록 모래사장에 나무판을 깔고 직접 해변까지 데려다 준 일 등 감동 이상의 꿈의 서비스로 평생 고객을 만들고 있다.

인간의 삶에서 가장 중요한 키워드는 바로 감동이다. 진정한 서비스는 사람만이 할 수 있는 것을 어떻게 연출하느냐에 달려 있다. 이것은 절대 우연히 가져다주는 행운의 일이 아니다. 기억하라! 당신의 꿈의 서비스를 받은 고객은 당신에게 평생의 고객으로 남을 것이다. 꿈의 서비스는 절대 어려운 것이 아니다. 고객을 위해, 고객을 위한 서비스만을 추구하는 것이다.

고객만족도를 높이기 위해서는 고객에게 만족과 감동을 줄 수밖에 없다. 다른 방법은 없다.

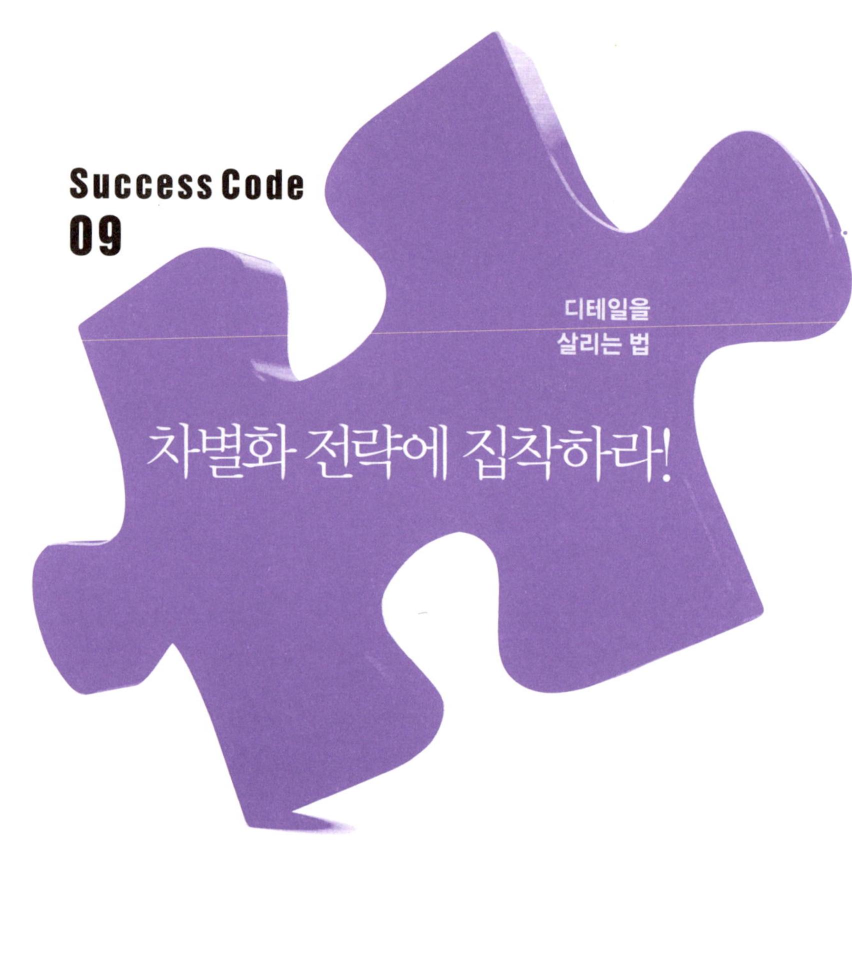

차별화 전략에 집착하라!

Whenever you find that you are on the
side of the majority, it is time to reform.

자신이 다수와 의견이 같다고 느낄 때는 개선해야 할 때
이다. **마크 트웨인**

불황을 적극적으로 이용하라!

더 세게 떨어질수록 더 높이 튀어 오른다.
Anonymous

경제활동을 하는 사람이라면 누구나 불황을 고민한다. 그러나 위기는 기회라는 말을 명심하라. 세게 떨어진 공일수록 높이 튀어 오르는 법이다.

불황이란 매출이 전체적으로 저하되는 현상을 말한다. 그러나 1장에서도 말했듯이 불황이라고 해서 모든 회사, 혹은 세일즈맨의 매출이 감소하는 것은 아니다. 불황이 심해지면 심해질수록 매출이 늘어나는 곳도 있다. 즉 일등항해사가 순풍만을 좋아하지 않는 것처럼, 역풍을 즐기는 기업이 있기 마련이다.

미샤, 더 페이스 샵, 에뛰드 하우스 등 가격은 낮추고 실용성을 갖춘 저가 화장품 브랜드와 1,000원 백화점 '다이소'와 같은 실속형 브랜드가 불황 속에서 인기를 끌고 있다. 불황이 깊어지면, 상품의 장식보다 기능이나 실리에 눈을 돌리는 사람들이 많아진다.

다시 한 번 강조하면 불황이기 때문에 더욱 잘되는 곳이 있다. 경제가 어려워지면 어려워질수록 고객은 진지해지고 조심스러워진다. 보다 현명하게 지갑을 연다는 말이다.

그렇게 고객은 진짜와 가짜를 가려내는 안목을 갖게 된다. 그리고 일정 기간이 지나면 진짜 상품을 가려내는 안목으로 무장하게 된다. 즉 상품의 품질과 가격, 서비스만으로 상품을 선택한다.

품질, 가격, 서비스. 자신의 상품이 이 3요소만 갖췄다면 어떤 시대에도 흔들리지 않는다. 그러나 어느 하나라도 자신이 없으면 고객은 멀어지기 마련이다. 그런 의미에서 불황은 회사나 세일즈맨의 체질을 강화하는 절호의 기회이다.

당신이 진짜 세일즈맨이라면, 불황을 순풍으로 만들 줄 알아야 한다.

82

차별화 리스트를 만들어라!

세일즈맨에게는 슬픈 말이지만, 한 세일즈맨에게 모든 상품을 사는 고객은 없다. 대부분의 고객은 상품에 따라 세일즈맨을 선택한다. 상품의 종류에 따라서 선택이 당연히 달라지겠지만, 경우에 따라서는 고객의 취향별로 상품을 선택한다. 분명한 것은 고객마다 저마다의 기준으로 상품을 선택한다는 말이다.

'성공하고 싶다면 보통 이상의 목표로 하라'라는 랄프 왈도 에머슨의 말처럼 당신이 다른 이보다 빨리 성공하고 싶다면 다른 세일즈맨과는 다른 보통 이상의 목표를 가져야 한다.

앞에서도 언급했듯 대부분의 세일즈맨은 고객이 가격에 중점을 둔다고 생각하고, 무조건 가격경쟁에 힘을 준다. 물론 가격에 민감하게 움직이는 고객도 있을 것이다. 그러나 몇 명의 고객을 위해 가격경쟁에만 혈안이 된다면 그것은 보통의 범위의 마케팅이다. 즉 고객의 구매 기준을 만족시킬 수 있는 전략, 가격경쟁을 초월하는 전략이 필요하다. 다른 세일즈맨이 10%의 할인을 해 준다고 해서, 그것에 맞춰 당신의 상품 가격을 낮출 필요는 없다는 말이다.

예를 들면, 다른 세일즈맨과 본인의 서비스 차이를 부각시켜 보자. 당신이 컴퓨터를 판매한다면, '컴퓨터 SOS'라는 블로그를 운영해 고객과 소통에 직접 나서는 것이다. 매일 고객의 궁금증을 상담해 주고, 불편한 점을 체크해 보자. 이런 방식으로 세일즈를 한다면, 당신의 고객들은 당신에게 가격할인을 요구하지 않을 것이다.

고객들은 저렴한 가격보다 지속적인 서비스를 더 중요하게 생각한다. 즉 다른 세일즈맨, 상품과의 차별화를 선별하라. 고객에게 서비스를 할 수 있는 것은 스스로가 놀랄 정도로 무궁무진하다.

자신만의 차별화 전략이 필요하다. 본인의 차별화 리스트를 선별해, 고객들에게 제공하라!

83

먼저 애프터서비스를 물어라

최고의 요리사는 애피타이저, 메인요리, 디저트로 이어지는 모든 요리에 정성을 쏟는다. 메인요리가 아무리 훌륭하다 해도, 한 가지 요리가 맛을 흐뜨리면 최고의 만찬이 될 수 없다.

세일즈맨에게도 이처럼 모든 과정이 중요하다. 즉 첫인상이 중요한 만큼, 애프터서비스도 중요하다는 말이다. 고객이 마지막까지 만족을 해야만 지속적인 만남으로 이어진다.

세일즈맨이 고객에게 깊은 여운을 남기고 싶다면 애프터서비스에 신경을 써야 한다. 설령 고객이 직접 전화를 해, 불편사항을 이야기 하지 않더라도, 직접 고객을 찾아가 체크해 봐야 한다. 고객이 가지고 있을 여러 불편사항에 귀를 열어야 한다. 고객은 누구나 상품에 100% 만족할 수는 없다. 그렇기 때문에 어떤 고객이, 어떤 점을 불편하게 생각하는지 알아두는 것이 중요하다. 다시 한 번 강조하지만 고객이 전화를 하지 않는다고 해서, 불편사항이 없는 것은 아니다.

그러나 체크만 한다고 해서 끝나는 것도 아니다. 애프터서비스의 포인트는 행동에 있다. 얼마만큼 고객의 불편사항을 해결할 수 있는가도 중요하다.

애프터서비스를 잘 활용하면 고객에게 손쉽게 다가갈 수 있는 명분이 확실한 커뮤니케이션의 기회가 된다. 이 기회를 어떻게 활용하는가에 따라 고객들은 당신을 다시 평가하게 될 것이다. 바쁘다는 핑계로 애프터서비스를 밀어버린다면, 당신은 일회용 건전지처럼 곧 교체되게 된다.

고객이 귀찮을 정도로 애프터서비스에 적극적이어야 한다. 말하지 않는다고, 불만이 없다고 생각하면 오산이다. 적극적으로 고객의 불편사항을 해결하라! 그것이 말보다 행동이다.

하루에 한 걸음씩 진보하라!

너의 발이 올바른 자리에 놓였는지 살펴보라.
그 다음 그 자리를 굳게 지켜라.
링컨

회사가 망한다는 것이 곧 이익이 없다는 뜻은 아니다. 내실구조가 튼튼함에도 불구하고, 도산하는 기업들은 있다. 경영진의 안일한 경영방식이나 무모한 도전이 화를 부르기도 한다. 그러나 이것은 비단 기업의 문제만이 아니다. 세일즈맨 개인에게도 적용이 된다. 즉 고객과의 계약은 끊임없이 이루어짐에도 세일즈맨이 안 좋은 상황에 처하는 경우를 종종 보게 된다.

비즈니스에서는 흐름이 중요하다. 어느 정도의 위험은 감수해야 하지만, 아무런 계획 없이 무턱대고 승부를 걸어 흐름을 방해하면 좋지 못한 결과를 얻게 된다. 즉 기업의 경우는 생산할 정도로만 자제를 구입하고, 생산한 만큼 판매하고, 판매한 만큼만 생산해야 한다. 그 균형이 깨지면 흐름을 방해하게 된다. 모든 것이 계획적으로 이루어질 때, 좋은 결과를 기대할 수 있다.

또한 이익이 적다고 억울해 하거나 분하게 생각하지 말아야 한다. 야구장에서도 도시락을 파는 사람들을 자세히 관찰해보면 그들 대부분이 6회말이 끝나는 시점에서 장사를 접는다는 사실을 알게 된다. 판매에서는 돌아서는 시점을 명확히 알아야 한다. 비즈니스에서 무모한 승부를 거는 만큼 어리석은 것도 없다.

세일즈란 일확천금을 노리는 것이 아니라, 매일 조금씩 이익을 남기는 작업이다.

 현장의 소리를 전달하라

노력할수록 행운은 따른다.
토마스 제퍼슨

상품의 기획이 좋아 잘 팔린다. 최근에 만난 고객과는 순조롭게 계약이 진행됐다. 즐거운 일이다. 이렇듯 세일즈나 장사에는 이러한 행운을 만나는 경우가 종종 있다. 그러나 미국의 3대 대통령 토마스 제퍼슨의 '노력할수록 행운은 따른다'는 말을 잊지 말자.

'행운도 실력이다'라는 말도 맞는 말이다. 분명히 행운을 내 편으로 만드는 것은 중요한 일이다. 그러나 행운만 믿는다는 것만큼 위험천만한 일도 없다.

또한 당신의 행운을 맹신한다는 것은 스스로의 업무 능력을 신뢰하지 못하기 때문이다.

당신은 좋은 상품만 판매할 것인가? 장점을 가진 상품이 아니면 팔 수 없는가? 당신과 잘 맞는 고객에게만 상품을 판매할 것인가? 행운이 없으면 당신의 세일즈는 불가능한가?

행운만을 신봉하다간, 행운이 떨어졌다고 여겨지는 순간 좌절하게 된다. 바람개비는 바람이 있어야 잘 돌아가지만 바람이 불지 않으면 돌아가지 않는다. 그렇다. 바람이 멈추는 순간을 대비하라. 행운만을 믿고 미리 씨를 뿌려두지 않으면 수확을 거둘게 없게 된다.

우선 당신이 현장에서 세일즈를 하며 생각해봤던 '잘 팔릴 것 같은 상품'의 기획안을 제안해 보자. 상품의 성능이 우선시 되어야 고객들이 좋아한다는 것은 당신은 잘 알고 있지 않은가?

상품은 언제나 철저하게 개발해야 한다. 이것은 고객과 가장 가까운 곳에 있는 당신의 의무이다. 원인이 파악되지 않는 손실이란 것은 없다. 반드시 그럴만한 이유가 있다.

성능이 구비되었다면 시시각각 서비스를 체크하라. 고객 만족도는 어느 정도인지, 현장에서 직접 파악해야 한다.

생생한 현장의 소리를 담은 기획을 제안하라. 현장이 목소리에 모든 정답이 들어 있다.

섣부른 성공을 경계하라!

Success is never permanent,
and failure is never final.

성공은 절대로 영원하지 않고
실패는 절대 끝이 아니다.
마이크 딧카

당신이 베스트셀러 상품을 판매하고 있다면, 그 순간을 가장 경계해야 한다. 상품이 놀랄 정도로 잘 팔린다는 것은 분명 세일즈맨에게 기쁜 일이지만, 그 순간 고객들의 불만은 쌓이게 된다.

우선 세일즈맨이 바쁨으로써 고객들에게 예전 같이 서비스를 하지 못했을 경우, 생기는 고객들의 반감을 체크해야 한다. '바쁘다는 이유로 고객을 홀대하지는 않았는가?' '귀찮은 고객이라 여기고 귀찮게 대하지는 않았을까?'라며 세일즈맨은 매일 자신을 점검해야 한다. 성공과 실패는 영원하지 않다. 성공한 사람도 실패를 맛볼 수 있고, 실패한 사람이라도 성공하지 못하라는 법은 없다.

무엇보다 그 순간 가장 두려워해야 하는 것은 돌아오는 상품, 즉 '반품'이다. 주문이 쇄도하는 만큼, 눈 깜짝할 사이에 반품이 돌아오기 시작한다. 천국과 지옥은 종이 한 장 차이다. 엄청난 베스트셀러일수록 반품 상품도 비례한다는 말이 된다. 즉 헛된 단꿈에서 깨어나 자신이 잘 되는 순간에 더욱 철저해져야 한다. 모든 문제는 잘 나가는 순간에 시작된다.

고객들의 불만은 잘 되는 순간이라 여기는 '호황'에 쌓인다. 달콤한 꿈에 젖어 가속 페달만을 밟는다면, 그러한 순간은 다시 오지 않는다.

87

서비스를 구체화시켜라

꿈을 추구할 용기만 있다면
모든 꿈은 반드시 이루어진다.
월트 디즈니

고객들이 대형 마트를 선호하는 이유는 무엇일까? 그것은 고객의 쇼핑 니즈를 절대적으로 파악한 요소들이 점포 곳곳에 녹아 있기 때문이다.

동네 앞 상점은 가깝다는 이점은 있지만, 신선도의 문제를 해결하지 못하고 있다. 요즘 구매자들은 특정한 제품의 유통기한만을 체크하지 않는다. 아이들이 좋아하는 사탕부터 과자, 아이스크림까지 모든 먹을거리의 유통기한을 체크한다. 그럼에도 동네 앞 몇 몇의 상점들은 제품의 유통기한을 잘 체크하지 않거나 신경을 쓰지 않는다.

한 번 생각해 보자. 규모의 크고 작고를 떠나서 유통기한 임박한 상품을 먼저 팔고자 하는 것은 모든 세일즈맨의 바람일 것이다. 내일까지인 상품을 내일까지 팔지 못하면 그 상품은 폐기되어야 하고, 폐기된 상품의 값어치만큼 손해를 보게 된다. 누가 손해 보는 장사를 하고 싶겠는가? 그럼에도 대형 마트는 가장 신선한 제품을 전면에 배치함으로써 고객이 원하는 서비스를 실행하고 있다. 즉 고객이 무엇을 원하는지를 명확하게 파악하고 실행에 옮긴 것이다. 고객의 입장에서 보면, 신뢰가 갈 수 밖에 없는 사항이다. 만약, 그 반대의 경우를 경험한 고객이라면 다시는 그 상점을 찾지 않게 된다. 고객이 찾지 않는 것은 다른 어떤 상황보다 나쁜 것이다.

지혜를 가지고 다가가라!

Impossible is a word
only to be found in the dictionary of fools.

불가능이란 바보들의 사전에나 있는 단어이다.
나폴레옹

나폴레옹의 말을 모르는 사람은 많지 않을 것이다. 불가능은 없다. 하지만 현대를 현명하게 살아가기 위해서는 불가능해 보일 때 포기할 줄 아는 기개도 필요하다. 쿨링오프라는 제도가 있다. 쿨링오프란 세일즈맨의 권유에 이끌려 필요하지도 않은 상품을 구입한 경우, 일정한 기간 안에 위약금 없이 계약을 해지할 수 있도록 한 제도다. 간혹 과도한 세일즈맨의 열정은 고객을 불편하게 만든다.

"세일즈맨이 가지 않고 있어 다른 일을 할 수가 없다."

고객들은 강경한 반응을 보이기도 한다. 실제로 이런 고발이 연간 1,000건이 넘게 쇄도한다.

그러나 '진정한 세일즈는 거절당했을 때부터 시작된다'라는 말은 위험한 발상이다. 물론 세일즈맨은 누구나 팔고 싶다. 또한 자신의 상품에 대한 의욕도 대단하다. 그러나 중요한 것은 세일즈가 독선적이어서는 안 된다는 것이다. 세일즈맨과 고객의 의견이 서로 일치하고 만족을 느껴야 하는 것이 원칙이다.

세일즈에는 지혜가 필요하다. 영업방법을 연구하지 않고 고객에게 폐를 끼치는 행동은 다른 세일즈맨에게도 방해가 될 뿐이다. 고객이 강경하게 거절 의사를 밝혔다면, 그 고객에게 구애되지 말고 다음 고객을 찾아야 한다. 당신을 거부하는 고객에게 투자할 시간을 당신을 맞아줄 고객에게 투자하라. 세일즈는 강매가 아니다. 고객 스스로가 받아들이게 하는 것이다.

불가능은 바보들의 용어지만, 독선적 행동으로 고객에게 부담을 줘서는 안 된다. 고객은 당신이 정복해야 하는 산이 아니다.

 캐릭터를 만들어라

일하며 얻으라.
그러면 운명의 바퀴를 붙들어 잡은 것이다.
에머슨

'맛집'이라고 소문난 음식점의 음식을 맛보기 위해서는 아무리 멀리 있어도 찾아가게 된다. 그렇기에 그런 음식점은 불황을 타지 않는다. 길게 줄을 서더라도 손님은 인내심을 가지고 기다려준다. 잘 되는 음식점들의 자부심은 대단하다.

그러나 이 가게의 모든 음식 메뉴들이 맛이 있을까? 꼭 그렇지는 않다. 한, 두 개의 대표 메뉴들이 특화됐을 뿐, 모든 음식 메뉴들이 뛰어난 맛을 내는 것은 아니다.

즉 잘 나가는 음식점은 평균화된 맛의 메뉴들을 갖는 것이 아니라, 이 분야에서는 절대 뒤지지 않을 정도의 한 가지 특출난 메뉴를 갖고 있는 것이다.

그렇다면 어떤 것을 차별화 전략으로 삼을 것인가? 세일즈를 하려면 반드시 그것을 미리 정해놓고 시작해야 한다. 특색 상품이 매일 바뀌는 일은 있을 수 없다. 그렇게 하면 고정 고객이 생기지 않기 때문이다. 무엇보다도 중요한 것은 한 분야를 특화시켜야 하는 것이다.

고객들의 취향은 천차만별이다. 모든 고객의 취향을 맞출 수는 없다. 이제 당신의 상품에 고객들의 취향을 맞추고 싶은 상품을 구비해야 한다. 현명한 고객은 모든 것을 꿰뚫어 본다. 고객의 까다로운 입맛을 맞추기 위해서는 차별화된 상품이 필요하다. 그것은 장사의 기본이다. 그런 상품을 만드는 일은 정해진 부서에서만 할 수 있는 일이 아니다. 누구든 가능하고, 누구든 해야 하는 일이다.

■ 수많은 고객의 취향을 맞출 수는 없다. 고객들이 쓰고 싶은 상품을 구비하는 것이 중요하다. 그런 상품의 아이디어는 현장에서 나온다.

Success Code
10
자신만의 브랜드를
만드는 법
색깔을 담은
마케팅을 하라!

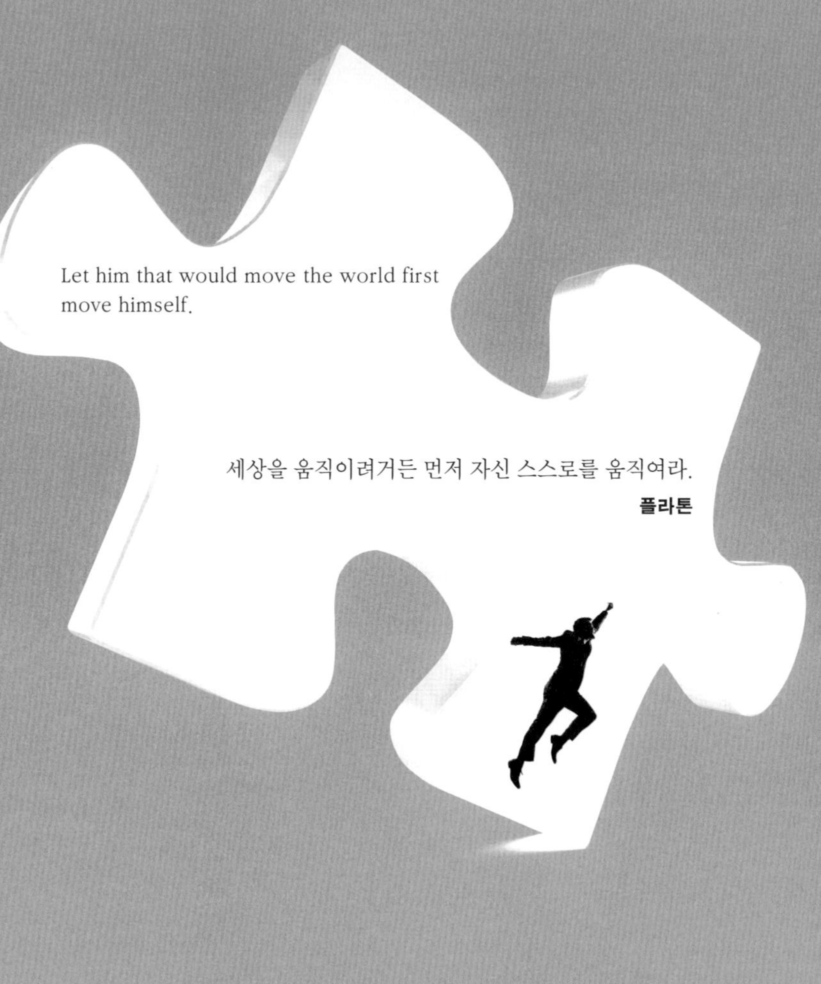
Let him that would move the world first
move himself.

세상을 움직이려거든 먼저 자신 스스로를 움직여라.
플라톤

경험의 독소를 제거하라!

The worst bankrupt in the world is
the person who has lost his enthusiasm.

이 세상 최고의 파산자는
열정을 잃어버린 사람이다.
아널드

앞에서도 언급했듯이, 경험은 무엇과도 바꿀 수 없는 소중한 재산이다. 어떤 경우에서든 대처할 수 있는 경험이 있는 사람만큼 두려운 존재도 없다. 세일즈맨에게 경험이란 지금까지 쌓아온 노하우, 즉 세일즈의 비결이다. 그러나 경험이 모두 성장으로 이어지지는 않는다.

"내 경험을 보면, 그것은 아무 소용이 없습니다."

"몇 년 전에도 그렇게 한 적이 있지만, 잘되지 않았습니다."

경험이 많은 사람일수록 '불가능'을 자주 입에 올린다. 또한 불가능의 이유가 그럴 듯하다. 그러나 명심해야 할 것은 진정한 경험은 불가능이 아닌 성공을 제안하는 능력이다. 불가능을 말하는 경험은, 열정을 잃어버린 것과 같다. 열정을 잃은 사람은 아무리 경험이 많다하더라도, 최고의 파산자나 마찬가지다.

즉, 당신은 언제나 매너리즘을 조심해야 한다. 항상 매너리즘을 경계하라! 매일 고객에게 얼마나 성실했는지 체크하라. 예전보다 더욱 성실하게 상품을 공부하는지, 예전보다 더욱 성실하게 서비스를 했는지, 항상 확인해야 한다. 승부는 오로지 그것에 달려 있다.

고객은 당신이 성실하게 대응하면 즉시 세일즈맨의 편이 될 정도로 계산적이다.

경험만큼 위험한 것도 없다. 경험은 중요하지만, 경계해야 할 대상이다. 경험에만 의존하는 순간 매너리즘이 찾아온다.

01

오늘을 절대 놓치지 마라!

Seize the day.

오늘을 잡아라.
호라티우스

하루, 24시간, 1,440분… 우리가 하루 동안 할 수 있는 일은 얼마나 될까? 하루 동안 만날 수 있는 고객은 몇 명이나 될까? 그것의 답은, 우리가 오늘 만나는 고객을 절대 놓쳐서는 안 된다는 것으로 대신하겠다.

개인적으로 일이 잘 풀리지 않을 때, 백화점을 들러 각 매장의 판매원들을 관찰해 보곤 한다. 간혹 고객이 불러도 본체만체하는 판매원이 있다.

'장사할 생각이 없는 걸까?'

고객이 아무리 불러도 다른 일에 정신이 팔려 나몰라라하기 일 쑤다. 계속되는 고객의 재촉이 들리지 않을 리가 없는데 이제야 겨 우 알아차린 듯이 고개를 돌려 "무슨 일입니까?"라고 묻는다. 그러 나 고객의 마음은 이미 떠났다.

고객과 세일즈맨, 판매원의 관계에서 가장 중요한 것은 고객에게 대응하는 자세이다. 고객이 필요하다고 생각할 때 판매하지 않으면 영원히 팔 수 없다.

언제, 어디서든 고객이 원하면 세일즈맨과 판매원은 즉시 반응해 야 한다. 하던 일이 있다고 해도 고객을 위한 대응보다 더 중요한 일 은 없다. 현장에서는 즉각 반응이 원칙이다.

고객과의 만남 이후에도 마찬가지다. 감사의 메일이나 편지는 즉 시 보내야 한다. 오늘 일을 내일로 미루는 것은 프로가 아니다.

고객이 당신에게 무엇을 요구하든 즉시 제공해야 한다. 아주 사 소한 배려는 신뢰가 된다. 이것이 인간관계의 상식이며 인간관계를 유지하는 비결이다.

고객뿐만 아니다. 상사나 동료, 후배 등 누구에게도 즉시 대응하라. 손발이 척척 맞는 조직이란 즉시 대응하는 자세가 몸에 배여 있는 조직을 가리킨다.

무한한 가능성을 제시하라

" **"**

할 수 있다고 생각하면 할 수 있고,
할 수 없다고 생각하면 할 수 없다.
헨리 포드

'자동차의 왕'이라는 불리는 헨리 포드의 말을 명심하자. 자신감이 있으면 무엇이든 가능하다. 그러나 자신감보다 앞서야 하는 것이 있다. 기본을 채우는 것이다. 하나를 듣고 열을 아는 것보다, 하나를 듣고 하나를 충분히 이해하는 일이 더 중요하다. 단계별로 성장해 나가는 것이 중요하다.

하나를 배워 하나를 아는 것을 '필요조건'이라고 하자. '필요조건'을 갖췄다면 하나를 배워 둘에 아는 단계로 넘어간다. 이것은 '충분조건'이다. '필요충분조건'을 모두 갖춘 세일즈맨이라면 할 수 없는 일도 없다.

이런 파트너가 있다면 얼마나 좋겠는가. 생각해 보자. 급하게 고객과의 미팅으로 분주한 시간, 출력을 하는 중이다. 파트너가 당신을 지켜보더니, 고객의 자료, 미팅 장소 약도, 서류 파일과 스템플러를 가져다준다. 당신이 부탁한 것도 아닌데, 파트너는 당신의 행동을 보고 '미팅을 준비 중이군. 그럼 틀림없이 이런 것들이 필요할 거야'라고 조건반사적으로 반응한 것이다. 이런 파트너가 있다면 당신은 훨씬 수월하게 당신의 일을 마무리 할 수 있을 것이다.

그렇다면, 당신은 당신의 파트너에게 어떤 파트너인가? 고객에게는 어떤 세일즈맨인가? 언제나 '필요충분조건'을 충족시키고 있는가? 유능한 세일즈맨이라면 하나를 듣고 열을 아는 '플러스알파' 능력이 있어야 한다. 고객이 미처 깨닫지 못한 '플러스알파'을 당신이 먼저 제안한다면, 고객은 당신에게 무한한 신뢰를 보낼 것이다.

모든 상황을 면밀히 관찰하라. 그것이 플러스알파를 제안할 수 있는 힘이 된다!
고객 스스로 깨닫기 전에, 플러스알파를 제안하라!

03
강한 조직부터 만들어라

An army of sheep led by a lion
" would defeat an army of lions led by a sheep. "

사자 한 마리가 이끄는 양 떼가
양 한 마리가 이끄는 사자 떼를 이길 수 있다.
아랍 속담

아랍 속담처럼 리더십이 없는 사자 떼보다 강한 리더십으로 뭉친 양 떼가 되어야 한다. 영업 현장은 전쟁터나 마찬가지다. 이런 전쟁터에서 살아남으려면 정보력, 팀원 간의 커뮤니케이션은 필수이다. 현장에서의 커뮤니케이션 부재는 조직 전체를 위험에 빠뜨릴 수 있는 불씨다. 탄탄한 조직을 만들기 위해서는 명심해야 하는 4가지가 있다.

첫째, 나쁜 소식은 즉시 알린다.

둘째, 반드시 조직 매뉴얼에 맞는 형식을 갖춰 연락한다.

셋째, 평소 다양한 소통의 채널에서 얻은 정보를 공유한다.

넷째, 부서간의 비상연락망을 가동하라.

위의 4가지 사항만 잘 지켜진다면 고객의 클레임, 사고와 실수, 경조사 등의 긴급사항이 어느 순간 발생한다고 해도 언제든 꼼꼼하게 대처할 수 있다. 그만큼 커뮤니케이션은 중요한 것이다.

또한 조직 매뉴얼을 갖추고, 소통의 채널을 가동해야 한다. 언제, 어디서든, 조직원 누가 연락을 받아도 쉽게 이해하고 대처할 수 있는 매뉴얼이 필요하다는 말이다.

소통이 이루어지지 않는 조직은 쉽게 무너질 수 있다. 세일즈는 개인전이 아니다. 개인기를 앞세워 동료를 무시하는 축구선수가 되지 마라!

장점만을 부각하라!

> 문제점을 찾지 말고 해결책을 찾아라.
> **헨리 포드**

비즈니스맨은 현실을 냉정하게 간파하는 능력을 가져야 한다. 쉽게 말해, 문제를 발견하는 능력이 갖춰야 한다는 말이다. 현실의 문제점을 깨닫지 못하고, 현실에 안주하고, 만족만 한다면 큰 어려움을 겪게 된다.

그럼에도 어려운 것은 스스로의 문제, 본인 기업의 문제, 본인 점포의 문제는 쉽게 눈에 띄지 않는다는 점이다. 자신의 문제를 찾고자 한다면, 스스로에게 냉정해져야 한다. 다른 이를 평가할 때 들이 대는 잣대로 동일하게 자신을 평가해야 한다.

그렇지만 여기서 더 중요한 것은 문제점을 찾기에만 혈안이 돼서는 안 된다는 것이다. 포드의 창업자 헨리 포드의 '문제점을 찾지 말고 해결책을 찾아라'라는 말은, 현실을 직시하되, 문제를 해결할 수 있는 대책을 함께 준비하라는 말이 된다.

단점에만 눈이 가는 비즈니스맨은 단점만을 보게 된다. 또한 단점만 부각하게 되면 자신의 일에 자부심을 갖기는커녕, 꿈과 희망도 가질 수가 없다. 단점과 장점은 동전의 양면이다. 그러나 동전을 뒤집듯이 보면 다른 관점으로 접근해 볼 수도 있다. 평소 조급하고, 성질이 급한 직원이 있다면 그것을 신속함으로 해석해 보자. 반대로 행동이 느린 직원은 그만큼 침착하다는 뜻으로 해석을 해볼 수도 있다. 조직과 자신의 단점을 장점으로 만들어 줄 수 있는 힘, 당신의 손에 달렸다.

단점에만 눈길을 주지 말고 장점을 부각시켜라! 그것은 회사 경영이나 인간 경영, 모두에 적용되는 말이다.

고객의 가치에 얽매여라!

대부분의 고객들이 좋아하는 상품이 있기 마련이다. 그런 상품들은 인기가 많아 금방 동이 난다. 고객이 간절히 원함에도, '이 상품은 인기 상품이라 더 이상 구할 수 없습니다'라고 답하는 세일즈맨은 기본이 없는 것이다. 물론 없는 것을 '없다'라고 말하는 것은 당연한 일이다. 그러나 그것은 무지한 행동에서 나오는 끔찍한 변명일 뿐이다.

명포수는 매서운 투수의 어떤 공도 놓치지 않는다. 세일즈맨도 마찬가지다. 유능한 세일즈맨이라면 고객이 자신에게 어떤 공을, 사인 없이 던져도 태연하게 받아내야 한다. 그렇게 하지 못하면 '다른 세일즈맨에게 가라'라고 호통치는 것과 같다. 최소한 창고의 물건이 없다고 해도, 고객에게 노력하는 모습을 보여라.

'물건을 구할 수 없다'는 대답을 매일 한 번씩, 1년 동안 하면 당신은 얼마를 잃게 되는 걸까? 단가 1,000원짜리 상품이라면 36만 5,000원. 1만 원짜리라면 365만 원의 금액을 잃게 된 것이다. 그러나 눈에 보이는 매출보다 더 무서운 것은 퉁명스러운 대답을 계기로 당신을 영원히 떠나는 고객의 존재이다. 이것은 절대 돈으로 매길 수 없는 값어치를 가진다.

고객의 시간을 훔치지 마라

신속하게 하라. 그러나 서두르지는 마라.
존 우든

현대인에게 시간은 금이다. 바쁜 일상 속에서 현대인의 시간을 낭비하지 않기 위해서는 서비스 역시 달라져야 한다. 아무리 치료를 잘하는 병원이 있다 해도, 고객들은 고작 10분의 치료를 위해 1시간 이상을 기다리지 않는다.

비즈니스의 세계에서는 절대 고객의 시간을 낭비해서는 안 된다. 고객의 시간을 낭비하는 것은 고객의 시간을 훔치는 것과 같다고 생각해야 한다.

간혹 들르는 편의점에서 새로운 직원을 교육시키기 위해 고객을 기다리게 하는 경우가 있다. 고객은 실험실의 쥐가 아니다. 그럼에도 고객이 기다리는 것을 빤히 보면서도 고객의 시간을 훔쳐 직원 교육을 한다. 명심하라! 직원 교육은 미리 하는 것이지, 고객 앞에서 하는 것이 아니다.

그런 일로 고객의 시간을 함부로 낭비해서는 안 된다. 고객은 절대로 한가하지 않다. 당신이 스스로를 프로라 자부한다면, 고객 앞에서 허점을 보이지 말아야 한다. 고객의 시간을 낭비한다면, 고객은 다시 당신을 찾지 않게 될 것이다.

현장에서 바로 통하는
1% 세일즈맨의 생존 전략
비즈니스 메이커

초판 1쇄 인쇄 2012년 7월 25일
초판 1쇄 발행 2012년 8월 5일

지은이 · 한준혁
펴낸이 · 안정운
펴낸곳 · 지식인하우스

출판등록 · 2011년 3월 31일 제2011-000058호
주소 · 경기도 고양시 덕양구 소만로49 804-401
전화 · 02-6082-1070   팩스 · 02-6082-1035
이메일 · jsinbook@naver.com
블로그 · blog.naver.com/jsinbook

ISBN 978-89-968037-2-0 13320
값 12,800원

ⓒ 한준혁, 2012